Ingrid Schlieske · So wirst du schlank für immer

So wirst du schlank für immer

Ingrid Schlieske

Turm Verlag · 74321 Bietigheim

7. erweiterte Auflage 1997

ISBN 3-7999-0247-3

© 1991 Alle Rechte vorbehalten
by Turm Verlag, D-74321 Bietigheim-Bissingen
Gesamtherstellung: Verlagsdruckerei Otto W. Zluhan, Bietigheim
Umschlag: Siggi Roßmann
        Creativ GmbH Ulrich Kolb

*Wat heeßt hier satt –
entweder ick hab' Hunger,
oder mir is' schlecht...*

Berliner Spruch

Inhalt

Liebe Eßsüchtige, lieber Eßsüchtiger, ich verstehe dich genau 9
Sucht im allgemeinen – Eßsucht im besonderen 12
Weshalb die vollwertige Trennkost und nicht irgendeine Diät 16
Über die Wirkung der Trennkost nach Dr. Hay und Dr. Walb 21
Kalorienzählen ade-oder das Geheimnis bewußten Essens 24
Gewohnheiten – wie ändert man sie? 27
Die Rolle der denaturierten Nahrungsmittel bei Übergewicht 30
Vollwertig – worauf muß man achten? 32
Ballaststoffe 37
Schweinefleisch und Gesundheit 39
Säuren und Basen 42
Das Säure-Basen Gleichgewicht 43
Wie funktioniert die TRENNKOST? 46
Die Notwendigkeit des „richtigen Atmens" 48
Und hier ist er, der Knackpunkt für die Eßsucht 51
Yin und Yang 53
Was hat das Wiedererfahren der Sättigungsgrenze mit der
Fußreflexmassage zu tun? 58
Yoga 67
Meine persönliche Bilanz 69
Anmerkung zum Gesagten 88
30-Tage-Plan zur Gewichtsreduktion 89
Übersichtstabelle zur vollwertigen Trennkost 92/93
Reduktionsrezepte 95
Handhabung der Tagesmenü-Pläne 125
Mustertag für die „Zeit danach" 132
Bezugsnachweise 134

Liebe Eßsüchtige,
lieber Eßsüchtiger,

ich verstehe dich genau!
Ich selbst bin eine von euch. Eine typische Problem-Esserin. Bei Ärger, Kummer, Sorgen, Frust, Lieblosigkeit tröste ich mich. Womit? Mit Essen – und ich schlage dann tierisch zu. 1 Pfund Vanilleeis, Rühreier, Käse, Obst, Gemüse mit viel Crème fraîche, Buletten, Salat mit viel Dressing, Kuchen, Torten, Schokolade, Kekse, frisches Brot, einfach alles. Und in dieser Reihenfolge – alles durcheinander. Ohne eine Sättigungsgrenze zu finden.
Danach hasse ich mich – wünsche mich auf den Mond. Und mir ist übel. Die Glieder schmerzen. Der Magen ist prall wie ein Ballon. Selbstverachtung und tiefe Depressionen quälen mich. Weshalb tue ich mir so etwas an? Ich kenne die Folgen solch wahnwitziger Völlerei doch nur zu genau.
Aber ab morgen wird alles anders. Diesmal schaffe ich es. Da bin ich ganz sicher.

Und morgen?

Da beginne ich den Tag mit aller Bescheidenheit. Ein kleines Scheibchen Brot genügt vollauf. Auch zu Mittag halte ich mich dezent zurück. Leider passiert dann die Sache in unserem Büro, über die ich mich so ärgern muß. Zum Trost ein winziges Stückchen Kuchen kann doch nicht schaden.
Nun beginnen die Gedanken zu kreisen. Weshalb mußt du denn ausgerechnet heute beginnen, wo es dir doch sowieso nicht besonders geht? Und dazu mitten in der Woche; das fängt man doch montags an. Und wieso willst du denn überhaupt schlank sein? Hat die Welt nicht schon unzählige umwerfend attraktive Dicke gesehen? Es kommt doch schließlich nur auf das Selbstbewußtsein und die Persönlichkeit an und darauf, wie man sich kleidet. Ich esse erst mal ein kleines mageres Brötchen, dann sehen wir weiter. Und damit wäre dann der Teufelskreis wieder eingeläutet. Vergessen sind die guten Vorsätze, das totale Unbehagen mit der dicken Wampe, der Ekel vor sich selbst beim Anblick der aus den Fugen geratenen Figur. In die hinterste, unterste Schublade des Unterbewußtseins wird der ganze Fett-Frust abgeschoben.

Da wird klaglos in Kauf genommen, daß man seit Jahren keine Frau mehr ist, sondern sich zu einem formlosen Neutrum gefuttert hat. Daß man keinen Spaß an der Mode hat, sondern die ausgelatschten Jogging-Klamotten trägt und Desinteresse vorschiebt. Da entsagt man lieber der interessantesten Einladung mit der Ausrede „Keine Zeit", weil man sich der Figur schämt, die nicht mehr hineinpaßt in Samt und Seide. Und wofür nimmt man das alles auf sich? Für ein paar Eßorgien!
Dabei kann von Geschmack und Genuß keine Rede sein, wenn man Berge von unterschiedlichsten Nahrungsmitteln in sich hineinschlingt und einfach nicht mehr aufhören kann.
Kein Gedanke daran, daß man sich immer weiter weg ißt von den wirklichen, den lohnenden Genüssen des Lebens. Kein Gedanke auch daran, wie unverantwortlich man mit seiner Gesundheit umgeht und Bauchspeicheldrüse, ja alle Organe völlig überfordert und sich regelrecht krank ißt.
Du willst das endlich ändern? Abnehmen, eine schlanke Figur haben? Fangen wir also heute mit der TRENNKOST an!
Gewiß, der gesundheitliche Aspekt ist im Moment noch für dich zweitrangig. Ich kann dir aus Erfahrung jedoch zusichern, daß sich das in spätestens zwei Wochen ändern wird – dann nämlich, wenn du spürst, wie gut es dir geht. Daß du dich nicht nur körperlich erleichtert fühlst, sondern von einem völlig neuen, lange vergessenen Lebensgefühl erfaßt wirst.
Du könntest Bäume ausreißen und die ganze Welt umarmen. . .
In erster Linie habe ich mein Buch geschrieben, um dir zu helfen, dein Problem ein für allemal abzuhaken. Ich kann dir versichern, daß dir das mit meinem Konzept, der *vollwertigen Trennkost,* gelingt.
Wenn ich seit nunmehr 15 Jahren danach leben kann, ohne meinen Rundungen weitere hinzuzufügen, dann gelingt dir das auch.
Zugegeben, in der Zeit der Reduktion gilt es, eisern zu sein.
Dafür habe ich gute Tips und tausendfach ausprobierte Tricks für dich parat, wie man der Essenslust durch richtiges Essen begegnet, oder was man sich alternativ bei Lust auf Süßes gönnen darf. Wie man die gefährliche Suchtzeit am Abend unbeschadet übersteht, und wie man Einladungen und Feste genießt, ohne daß jeder gleich merkt:
„Du bist auf Diät."
Mach also einfach mit!
Du hast nur Zuversicht und Vertrauen einzubringen. Ansonsten folge meinem Programm. Ich verspreche dir dafür

Schlankheit für immer!

Ja doch, du bist ungeduldig und willst *sofort* mit der *Gewichtsreduktion* beginnen
Auf Seite 95 findest du deinen ersten Tag mit der *vollwertigen Trennkost*. Du wirst sehen, daß er einfach nachzuvollziehen ist. Dann praktiziere einen Tag nach dem andern, so wie es vorgegeben ist. Nur mußt du wissen, Diättabellen allein genügen nicht. Bitte versäume nicht, mein Buch vollständig zu lesen. Alles, was du darin findest, ist die Quintessenz meiner langjährigen praktischen Erfahrung mit mir selbst und mit den von mir betreuten Kurgästen.
Um Erfolg für immer zu haben, ist es in erster Linie erforderlich, daß du verstehst.
Du findest mich kühn, daß ich dir den Erfolg auch für die Zukunft verspreche. Du wirst sehen, ich kann mein Versprechen halten. Denn ich weiß, wovon ich rede.
Dein Part ist, daß du mir die Chance einräumst, dich zu überzeugen. Ein wenig Theorie gehört dazu.
Maximal 14 Tage der Praxis mit unserem Programm und du wirst an dir selbst so etwas wie ein Wunder erleben.

Das größte Wunder aber ist, daß der Erfolg anhalten wird. Wenn – ja wenn du verstanden hast...

Sucht im allgemeinen – Eßsucht im besonderen

Ich bin eßsüchtig. So müßten wir eigentlich jede Lektion beginnen. So wie es die Anonymen Alkoholiker tun: *Ich bin Alkoholiker.* Dieses Bekenntnis beinhaltet schon alles: Ich stehe dazu, ich verschleiere nichts, ich weiß den Weg. Und der ist unlösbar verbunden mit totaler Offenheit und Ehrlichkeit. Meiner Umgebung gegenüber – aber vor allen Dingen mir selbst gegenüber.
Wie kann ich ein Übel angehen, wenn ich es nicht beim Namen nenne! Den Eßsüchtigen geht es meist nicht anders als den Alkoholikern oder andern Suchtabhängigen. Nur zu gern verschleiert, verniedlicht, bagatellisiert man: Ich esse doch gar nicht viel. Ich nehme ja schon vom Hinschauen zu. Die andern überreden mich ewig. Ja, wenn die vielen Einladungen nicht wären. Die paar Pfündchen sind doch auch keine Hürde. Es stimmt, ein paar Pfündchen sind wirklich kein Problem. Ein Problem wird erst daraus, wenn der endlose Kampf gegen „die paar Pfündchen" ein ganzes Leben lang dauert. Wer immer gegen viel oder auch wenig Gewicht ankämpft, ist eindeutig eßsüchtig. Da spielt es eine unwesentliche Rolle, ob die Feind-Pfunde 5 Kilogramm oder 50 Kilogramm betragen.
Will man den Kampf dagegen aufnehmen und für immer gewinnen, kommt man ohne Konzept nicht aus. Einfach Diät oder F. d. H. hilft nur vorübergehend. Anschließend ist man schlechter dran als vorher. Die „Sucht" spielt den Streich, das „verlorengegangene Gewicht" wieder in Windeseile aufholen zu müssen, und spätestens dann muß man sich entscheiden. Ich lasse das zu – oder ich führe ein Leben lang den Kampf gegen Lust und Genuß zugunsten von Verzicht, Frust, Disziplin. Unsere Bewunderung gehört da ganz und gar den tapferen Streitern, die diesen Kampf gewinnen. Aber ist es wirklich ein Gewinn, wenn Selbstkasteiung dabei die Hauptrolle spielt? Die Frage ist auch, ob man sich für immer die lustvolle Hingabe an himmlische Genüsse versagen will.
Wir jedenfalls werden den Weg der *Vernunft* gehen, einer Vernunft, die nichts mit Verzicht zu tun hat, sondern wirklich eine Waffe in die Hand gibt, *die für immer nützt.*
Zunächst einmal wollen wir die Wurzel des Übels ergründen. Sucht hat immer eine Ursache. Noch nie hat es so viele Süchtige gegeben. Eßsucht, Alkoholsucht, Drogensucht, Tablettensucht, Schlafsucht, ja auch Arbeitssucht, Putzsucht, Jugendlichkeitssucht usw.

Wir wollen hier keine Psychoanalyse für jeden einzelnen veranstalten. Aber Anregungen zum Nachdenken helfen uns vielleicht, die Ursachen unseres falschen Eßverhaltens zu finden.
Was ist eigentlich Sucht? Sucht kommt von *suchen*. Alle Süchtigen suchen ja nach etwas. Nur das wirkliche Ziel wird aus den Augen verloren. Es ist zu unbequem, zu anstrengend, den Weg zu Ende zu gehen. Nur *finden* würde ja den Suchenden erlösen.
So macht man unterwegs halt und befriedigt den „Hunger" mit einer Ersatznahrung. Nur – diese stillt den Hunger nicht. Man braucht mehr und mehr und ist süchtig geworden.
Sucht ist Feigheit vor neuen Erfahrungen, ein Sichfesthalten an materiellen Dingen (Speisen, Alkohol, Drogen), um sich nicht mit ideellen Dingen auseinandersetzen zu müssen.
Die Aufnahme von Neuem führt zu *Bewußtseinserweiterung*. Man kann geistige Nahrung durch stoffliche Nahrung ersetzen. Diese führt dann zur *Körpererweiterung*. Hier stellt sich die Frage, wo man sich nicht öffnen kann, wo man nicht hineinlassen kann, wo uns das Urvertrauen fehlt.

Zuviel essen ist immer eine Ersatzhandlung
Der Eßsüchtige lebt die Liebe nur im Körper, da er es ins Bewußtsein nicht schafft. Er „frißt" alles in sich hinein. Das Resultat wird Kummerspeck genannt. Die Sucht nach Liebe, Bestätigung, Belohnung wird auf der falschen Ebene *zu befriedigen versucht*. Sehen wir uns einmal an, wie und was wir essen, wenn eine Eßorgie uns überkommt.

Süß, sahnig, schmelzend

Süßes ist ein Trost. Wir wollen möglichst nicht kauen, keine Herausforderung annehmen, keine Arbeit damit haben. Schönes, Tröstendes in uns aufnehmen, ohne daß es Anstrengung kostet. Weich soll es sein, im Mund zergehen. Wir wollen uns nicht stellen, sondern etwas erhalten, für das keine Gegenleistung (kauen) zu erbringen ist.

Scharfes Essen

Ohne es zu wissen, sind wir auf der Suche nach neuen Lebensinhalten und neuen Reizen. Die Überlegung läge nahe, diese nicht aus dem

Kühlschrank zu befriedigen, sondern sich neuen Aufgaben zu stellen, sich umzuschauen nach neuen Herausforderungen, Lernstoffen, Hobbies, neuen Menschen.

Nur haben wir es verlernt, neuen unerwarteten Problemen neugierig und offen entgegenzugehen, voll im Bewußtsein der eigenen Kraft. Wir fürchten, plötzlich konfrontiert zu werden mit Dingen, die man vorher nicht abschätzen kann. Da geht man lieber auf Nummer Sicher. Die Bedürfnisse werden auf einer Ebene befriedigt, die bekannt (ungefährlich) und überschaubar ist. Statt der spannenden und neuen Lebensinhalte, mit denen man Reiz und Abwechslung in den Alltag bringen könnte, weicht man aus auf einen Reiz für Gaumen und Zunge.

Fleisch, Salate, knackige Gemüse, herzhaftes Brot

Hier spielt der Wunsch eine Rolle, sich durchzusetzen, sich durchzubeißen und etwas zu leisten. Widerstände einfach zu zermalmen. Aber auch hier wird eine Ersatzhandlung bevorzugt. Statt mutig auch einmal eine Gratwanderung in Kauf zu nehmen, Widersachern die Stirn zu bieten, selbstbewußt ein Ziel anzustreben, sich nicht ins Bockshorn jagen zu lassen, Konkurrenten durch Leistung und Durchsetzungsvermögen einfach hinter sich zu lassen – hier wieder der Griff zum Steak. Die Zähne zermalmen lieber Salat und Karotten, statt daß der Intellekt die Gegner aus dem Feld räumt...

Da bleibt man lieber auf dem gefahrlosen Terrain des Tellers und kämpft die Schlachten mit Messer, Gabel und Zähnen.

Der Sucht nachgeben ist eigentlich Feigheit vor dem Leben
Statt die Bedürfnisse der Seele adäquat zu befriedigen, bietet man dem Körper ein „Statt dessen" an. Es liegt auf der Hand, daß man bei diesem Versuch, eine Befriedigung zu erlangen, mehr und mehr essen muß und nie wirklich satt wird.

Wie kann man glauben, daß man seelischen Hunger materiell befriedigen kann? Eßstörungen haben in unserer Gesellschaft beängstigende Formen angenommen. Auffällig ist, daß zumeist Frauen daran leiden. Da liegt doch auch die Frage nahe, weshalb sich eine Frau denn freiwillig so „verstümmelt"! Eine dicke, fettsüchtige Frau grenzt sich körperlich durch ihren Schutzwall ab. Durch ihre „Häßlichkeit" hält sie sich die Leute buchstäblich vom Leib. Sie wird von Frauen geliebt, weil sie in ihr nicht die Konkurrenz sehen, sondern genau die Person,

die sie ist. Von Männern wird sie nicht als Sexsymbol taxiert, sondern als Mensch. Diesem kann man nicht *so sehr wehtun*, wie das einer Frau geschieht, die sich der Liebe stellen will. Angst vor dem Enttäuschtsein, vor dem Sichbekennenmüssen, vor seiner Attraktivität, der man vielleicht nicht gewachsen ist. Und – so ein Fettwall bietet, so hofft man, auch Schutz vor anderen Widrigkeiten des Lebens. Nur – diese Hoffnung realisiert sich eben nicht so.
Hinzu kommt die panische Angst, daß jemand diesen Schutzwall durchschaut und die Wirklichkeit dahinter sieht.
Diese Behauptungen sind Thesen, das wissen wir. Aber Thesen, über die sich das Nachdenken lohnt. Menschen sind unterschiedlich veranlagt. Ein ehrliches Insichhineinhören kann den Weg zu ureigenen Problemen weisen.
Eine alte Volksweisheit sagt:

„Gefahr erkannt – Gefahr gebannt!"

Ganz so einfach ist es natürlich nicht; aber ein erster Schritt ist getan und weitere können folgen auf dem schwierigen Weg aus dem Dschungel der Sucht, aus dem man sich durch Kenntnis und Erkenntnis durchaus befreien kann.

Weshalb die vollwertige Trennkost und nicht irgendeine andere „neumodische" oder auch altbewährte Diät?

Diät – damit fängt es schon an. Willst du nach Diät leben? Was fällt dir bei diesem Wort überhaupt ein? Laß dir meine Gedankenassoziationen sagen:

- salzlos
- gewürzlos
- fettlos
- geschmacklos
- grauer Brei
- totgekocht
- alles schmeckt so ziemlich gleich
- du darfst dieses und jenes nicht
- nicht sehr abwechslungsreich
- Hungergefühle usw.

Wer will schon so leben? – Aber ich will doch abnehmen! Ja eben. Deshalb müssen wir genau überlegen, wie das *richtige Konzept* für deine künftige Ernährung aussehen muß, damit es für dich auch wirklich machbar ist.
Zugegeben, bemerkenswerte Reduktionserfolge hättest du auch mit anderen Systemen. Vorausgesetzt, du würdest diese einhalten. Jedermann weiß schließlich genau, wie das Abnehmen geht. Ich stelle hier nur einige wenige, allseits bekannte, sehr drastische Reduktionsmöglichkeiten in den Raum:

- das Fasten mit Wasser oder Saft
- Schroth-Kur
- 500 Kcal-Diät
- Atkins-Diät
- Quark-Diät
- Eiweißdrinks (mit angeblich allen wichtigen Ernährungsstoffen)
- Hollywood-Diät
- F.X. Mayr-Kur
- oder einfach F. d. H. –

wobei der letzteren Möglichkeit der Vorzug zu geben wäre. Alles schön und gut, aber was macht man danach?
Wir alle wissen seit vielen Jahren, wie wir abnehmen können. Aber wir kennen auch die Niederlagen, die damit verbunden sind, das Gewicht auf das Normalgewicht zu reduzieren oder es einfach nur zu halten, wenn es nach unendlicher Quälerei wirklich einmal erreicht war.
Ich jedenfalls kenne es nur zu gut, dieses ständige Auf und Ab.
5 Pfund rauf, 5 Pfund runter – damit habe ich mich jahrelang abgeplagt. Nach jedem Erfolg oder Mißerfolg steht man dann „alleingelassen im Wald".
Da gibt es nur einen einzigen Weg: sich hinsetzen zu einer grundehrlichen Bilanz.

>Was ist falsch gewesen an allen vergeblichen Versuchen?
>Wo liegen der Fehler und der Schwachpunkt in der jeweils gewählten Ernährungsweise?
>Wo liegen die Schwachpunkte in meiner eigenen Person?
>Wie sind meine Gewohnheiten von Kind an?
>Was wird mir immer wieder zur Gefahr?
>Was muß ich umstellen?
>Was aber wird auch in Zukunft immer wieder ein Fallstrick für mich sein?

Im Laufe meines Buches gehe ich auf jede mögliche Essensneigung mit entsprechenden Alternativen ein.
Und hier beginnt nun der grundlegende Unterschied zwischen der vollwertigen Trennkost und jeder anderen bekannten Ernährungsform oder Diät.

Im Rahmen der Trennkost ist Platz für praktisch jede Ernährungsthese und jede Eßneigung.
Ich schreibe hier bewußt Ernährungsthese. Denn im Laufe der letzten 15 Jahre habe ich mich intensiv mit jeder einzelnen der zunächst mit viel Enthusiasmus publizierten Thesen befaßt. Danach klingt jede von ihnen zunächst einleuchtend und wird mit vielen „Erfahrungen und Beweisen" untermauert.
Jede davon hat sicher ihre Vorzüge, ja einige davon auch unbestrittene Heilwirkungen für manche Krankheiten. Doch irritiert die Gegen-

sätzlichkeit der vertretenen Richtungen, wie auch oft die Einseitigkeit einiger Ernährungsformen.
Ich weise hier beispielsweise auf folgende Ernährungsformen hin:

- Ernährung nach Brucker
- Makrobiotik
- Schnitzer-Diät
- Quark-Diät
- Sonnen-Diät (Rohkost)
- Fit for life u. v. a.

Es ist noch gar nicht so lange her, da wurde das Riesengrillsteak in Verbindung mit einem großen Salat als Nonplusultra einer gesunden, vitalisierenden Mahlzeit gepriesen.
Heute stehen dem Ernährungswissenschaftler die Haare zu Berge bei soviel konzentriertem Eiweiß, das der Körper nicht schlackenfrei verbrennen kann. Ganz abgesehen von der angeblich krebsauslösenden Wirkung der Grillkohle, wenn sie nicht sachverständig benutzt wird.
Ernährung und Verdauung, mit diesem Thema haben sich schon unzählige Wissenschaftler auseinandergesetzt. Man ist heute noch so ratlos wie eh und je und sich nur darin einig, daß es auf diesem komplizierten Gebiet wahrscheinlich für immer einige unerforschte Geheimnisse geben wird.
Doch wären die bisher angebotenen „Beweise" einhellig, dann wären die Thesen keine Thesen, sondern bewiesene Tatsachen. Das heißt, die Wissenschaft würde nur eine Ernährungsweise vertreten können.
Da wir noch weit davon entfernt sind und das Verwirrspiel mit jeder Erkenntnis undurchsichtiger wird, so ist offenbar in erster Linie gesunder Menschenverstand angesagt. Mit eben diesem gesunden Menschenverstand scheint mir die vollwertige Trennkost das vernünftigste Angebot zu sein.
Fünfzehnjährige Erfahrung in der eigenen Familie, mit Kurgästen und Tausenden von SeminarteilnehmerInnen hat meine Einsicht zur festen Überzeugung werden lassen.
Als selbst extrem eßsüchtiger Mensch will ich nur das mit gutem Gewissen weitergeben, von dem ich weiß, daß es wirklich machbar ist und mit Kurgästen und Seminarteilnehmern tausendfach praktisch erprobt wurde.

Ich will bleibenden Erfolg *garantieren* können. Dazu ist es unumgänglich, daß die Psyche des Eßsüchtigen berücksichtigt werden muß. Schlaue Sprüche von allen Seiten kennt man zur Genüge. Trotz des eigenen besseren Wissens ist man sein eigener Feind. Nutzlos die Mahnung zur Disziplin. Sinnlos die versuchten Essensumstellungen. Vergeblich das brutale Abschaffen der lieben Gewohnheiten sowie alle Appelle an Vernunft und Gesundheitsbewußtsein. Pah, was zählt das alles gegen den unwiderstehlichen Zug zu einer exorbitanten Freßorgie! Da nützen weder Vorwürfe noch Selbstvorwürfe.

Für die Änderung dieses „Zwanges" ist dein eigener fester Entschluß notwendig – ich will dir die Zuversicht für den Erfolg vermitteln.
Wie also packen wir die verfahrene Geschichte an?

Nur für die begrenzte Zeit der Reduktion bitte ich dich, mir dein volles Vertrauen zu schenken. Ich verspreche dir, du wirst es nicht bereuen. Noch nie hast du so schnell, so vergnüglich, so problemlos abgenommen. Du wirst, statt „auf dem Zahnfleisch zu gehen", von Tag zu Tag fröhlicher, vitaler, viel, viel schöner und natürlich – so schlank, wie es dein Traumziel ist. Bitte halte dich genau an meine Vorgaben!
Im Laufe der nächsten Wochen wirst du am eigenen Leib erfahren, daß ich nicht nur mein Versprechen halten kann, sondern daß deine eigenen Erwartungen noch übertroffen werden.
Geh einfach voll Vertrauen meinen Weg.
Und denke daran, es lohnt sich schon deshalb, mir Punkt für Punkt zu folgen, weil du jetzt die letzte „Diät" deines Lebens machst!
Die wichtigste Botschaft dabei ist, daß du schon in der Zeit der Gewichtsreduktion optimal vorbereitet wirst auf „die Zeit danach".
Du wirst Wichtiges lernen und Einsichten gewinnen.
Was hat es dir bislang genützt, daß du überall lesen konntest, daß Vitamine, Mineralien und Ballaststoffe gesund sind?
Du mußt *wissen*, wofür der Körper sie dringend *braucht*. Und du mußt wissen, was es mit dem pH-Wert in Zellen und Blut auf sich hat. Weshalb du dich manchmal so mißmutig fühlst und so müde und entschlußlos. Und was das mit dem Essen zu tun hat.
Du sollst verstehen, was eine kalte Dusche, Kirschen und Sojabohnen mit Lebensqualität zu tun haben. Und wieso man über Kauen und Atmen nachdenken muß, und wie eben das mit deiner Unternehmungslust zusammenhängt.

Ich habe beim Studium dieser und anderer Themen der Ernährungslehre so manches Aha-Erlebnis gehabt.
Dir wird es genauso ergehen.
In der vorliegenden Form der vollwertigen Trennkost ist alles Ernährungsnotwendige berücksichtigt.
Sie ist von Genuß und Wertigkeit her gesehen vielseitig zusammengestellt und berücksichtigt alle Bedürfnisse und Eßsüchte.
Die Vollwertigkeit der Nahrung mit Ballaststoffen erhält hier einen hohen Stellenwert. Genauso habe ich auf ausreichend basenbildende Lebensmittel, wertvolle Eiweißträger, genügend Vitamine und Mineralien geachtet.
Ist der Körper tatsächlich ausreichend versorgt mit allem, was er für ein ungestörtes Funktionieren braucht, ist der Eßsucht ohnehin bestens vorgebeugt. Langfristige Ergebnisse sind gewiß.

Die Zusammenhänge innerhalb unserer chemischen Fabrik Körper zu verstehen, ist erstes und wichtigstes Anliegen.

Das Ziel ist, den Körper wieder zu einer 24-Stunden-Verdauung zu führen. Darin liegt das ganze Geheimnis der grandiosen Erfolgsmöglichkeit.
Also – follow me! The way is easy!

Über die Wirkung der Trennkost
nach Dr. Hay und Dr. Walb

Über ein Drittel der Bevölkerung stirbt an Erkrankungen, die von der Ernährung beeinflußt werden. In den hochentwickelten Industrieländern sind ernährungsbedingte Krankheiten wie Übergewicht, Herzinfarkt, erhöhter Blutdruck und Arteriosklerose seit Beginn der Jahrhundertwende stark angestiegen. Während man Seuchen beherrschen kann, sterben die meisten Menschen an *Krebs und Gefäßkrankheiten*, die man heute als Seuche der Zivilisation bezeichnet. Eine der wichtigsten Faktoren der Gesunderhaltung ist die tägliche Nahrung, und es ist nicht gleichgültig, was und wie der Mensch ißt. Die Ärzte kommen nicht mehr umhin, wenn sie ihren Patienten helfen wollen, ihnen sehr häufig diätische Maßnahmen zu verordnen, und nach einer Statistik der Deutschen Gesellschaft für Ernährung sind es bereits etwa 25 Prozent der Bundesbürger, die eine Diät einhalten müssen. Rechnet man die sogenannten verschwiegenen Diäten hinzu, so dürfte wohl gut ein Drittel der Bevölkerung Diätversuche unternehmen. Die Vielzahl der Diätformen ist verwirrend. Es gibt heute immerhin so viele Diäten wie Organe und Erkrankungen.

Die Verdauung
Biologisch ausgedrückt, werden die Nahrungsmittel durch die Verdauung löslich gemacht, eine Vorbedingung für die Resorption durch den Darm. Prozesse, die der Verdauung im Darm sehr ähnlich sind, kommen auch in den meisten Gewebeteilen vor, wenn Reservestoffe zur Energiegewinnung mobilisiert werden oder wenn beschädigtes Gewebe dem Zerfall unterliegt. Die Verdauung wird durch die kombinierte Tätigkeit vieler spezifischer Enzyme bewirkt. Ernährung und Stoffwechsel sind an das Vorhandensein von Sauerstoff gebunden.

Es ist bewiesen, daß mit einer gesteuerten Nahrung durchaus eine Änderung des Zellmilieus, besonders der Kernstruktur, zu erreichen ist.
Das Resultat unserer bisherigen Ernährungsweise ist im allgemeinen *kein Säurebasengleichgewicht*, wie es analog dem chemischen Labor unseres Körpers gefordert werden müßte, sondern *Säureüberschuß*.

Bekanntlich besitzt der Körper einen erheblichen Basenvorrat durch die Fähigkeit der gesunden Niere, Ammoniak zu bilden. Dieses vermag die im Blut herangebrachten Säuren zu neutralisieren und die Alkalireserve zu stabilisieren. Das Leistungsvermögen der Niere ist aber häufig durch den verminderten Gefäßdruck bei dem geschädigten Kreislauf mehr oder minder stark herabgesetzt. Hierdurch kann es zu einer Hemmung der Ammoniakbildung kommen und zu einer Zurückhaltung harnpflichtiger Substanzen, was zu einer Übersäuerung und zu einem Absinken der Alkalireserve führt.

Dem kann man mit richtiger Ernährung entgegenwirken.
Selbstverständlich sollen die Nahrungsmittel so natürlich wie möglich sein, denn: „Leben wird am besten durch Leben erhalten." Alle Ernährungsforscher sagen einstimmig: Es ist selbstverständlich, daß nur der *vollwertig* ernährte Körper die Leistungen des Lebens in seiner Gesamtheit zu vollbringen vermag und daß die vollwertige Ernährung vollwertige Naturprodukte zur Voraussetzung hat.

In der erstaunlichen Anpassungsfähigkeit der lebenden Substanz liegt es begründet, daß das Leben auch bei schweren Störungen weitergehen kann, und dieses Wunder ist vielleicht das größte.

Unsere Maschinen würden derartige Fehlbehandlungen, wie wir sie unserem Körper zumuten, nicht vertragen. Und weil der Körper soviel mehr auszuhalten scheint, bis er zusammenbricht, neigen die Menschen dazu, ihm viel mehr zuzumuten, als vernünftig ist.

Heute ist aber nicht mehr der gesunde Mensch der Maßstab, sondern der Kranke.
Er ist geradezu ein Wirtschaftsfaktor geworden, von dessen Existenz nicht nur Ärzte, Krankenanstalten und Versicherungen, sondern auch große Industrien abhängen. Die Gesunden müssen für die Kranken arbeiten. Unerhörte Kosten lasten auf den Gemeinden und auf dem Staat, und man hat vergessen, daß der gesunde Mensch der billigste und friedlichste ist.
Wenn wir auch viele äußere Umstände nicht ändern können, mit denen Schäden verbunden sind, eines können wir sicher ändern: Wir können unsere Nahrung wieder vollwertig machen und uns wieder richtig ernähren.

Von allen bekannten Ernährungsformen entspricht die vollwertige Trennkost am meisten allen Anforderungen.
Dabei wird morgens möglichst eine basenbildende Mahlzeit gegeben, mittags eine Eiweißnahrung und abends eine Kohlenhydratmahlzeit (austauschbar).
Mit der von uns vermittelten Ernährungsweise konnten wir bei unzähligen Kurgästen oder Seminarteilnehmern folgende gesundheitliche Verbesserungen beobachten, bzw. sind uns berichtet worden:

- Reduzierung des Übergewichtes
- Schlankheit für immer, keine Gewichtszunahme mehr
- Verschwinden der Tagesmüdigkeit
- Erreichen einer 24-Stunden-Verdauung nach wenigen Wochen ohne zusätzliche Medikation
- Drastisches Senken des Harnsäurespiegels nach kurzer Zeit (segensreich für Nieren-, Gicht- und Rheumakranke)
- Senkung der Blutfettwerte
- Senkung des Cholesterinspiegels
- Besserung der Zuckerwerte
- Blähungen, Völlegefühl und Übelkeit verschwinden
- Wiederentdeckung der „Sättigungsgrenze"
- Bessere Elastizität des Körpers
- Gelenkschmerzen verschwinden oder werden gemindert
- Entschlackung und Entgiftung des Verdauungstraktes
- Besserung oder Heilung vieler Stoffwechselkrankheiten
- Verbesserung der Lebensqualität
- Normalisierung oder zumindest Verbesserung des Blutdruckes
- Wiedergewinnung oder Steigerung der verlorenen oder verminderten Lebensqualität
- Bessern von Stimmungstiefs, Entschlußlosigkeit, Depressionen
- Verbesserung des Aussehens durch besseren Stoffwechsel
- Bessern oder Verschwinden von Hautunreinheiten durch Entschlacken und Entgiften

Kalorienzählen ade – oder das Geheimnis bewußten Essens

Heißt das nun, daß du in Zukunft soviel essen darfst, wie du willst? Wieder einmal muß ich dich bitten, hier zunächst einmal ganz auf meine Erfahrungen zu vertrauen.
Ich kenne unzählige Übergewichtige, die ihr Leben lang Kalorien gezählt haben und ihr Problem nie in den Griff bekamen.

Hier geht es nicht darum, wie du ausschließlich viele Pfunde verlierst, sondern wie du ein solches Ergebnis für immer bewahren kannst.
Um das ohne Rückfall zu erreichen, bedarf es schon sorgfältiger Planung. Dabei ist ein wildes „Drauflosdiäten" nicht vorgesehen. Bewußt essen ist angesagt. Wenn du dich dazu entschließt, kannst du das Kalorienzählen tatsächlich für immer verabschieden.
Zu mir sagte ein junger Kurgast, der mit seinen 21 Jahren ganze 135 Kilo auf die Waage brachte und in unserem Kurhaus in nur 2 ½ Wochen 24 Pfund abgenommen hat, folgendes:

„Ich möchte künftig alles bewußter machen. Es ekelt mich immer an, daß ich alles haben kann. Will ich Eis, so ist mir sofort ein Riesenbecher verfügbar. Jeden Tag holt sich die Belegschaft des väterlichen Geschäftes Kuchen. Ich bin mit mehreren Stücken dabei. Überall, wo man zusammensitzt, wird getafelt. Weihnachten, Ostern, Geburtstage sind nichts Besonderes mehr. Man denkt ohne Vorfreude, fast mit Abscheu an die Freßorgien, die anstehen.
Schluß damit.
Ich will mich wieder freuen, wenn ich eingeladen bin. Die Fresserei soll nicht mehr zum täglichen Selbstverständnis gehören. Schön speisen soll krönende Ausnahme sein, die man dann auch nicht bereuen muß – auf die man sich wirklich wieder freuen kann."

Ich muß sagen, daß ich sehr beeindruckt war von dem „Durchblick", den mein junger Gast mir so eindrucksvoll erläuterte. Hätte ich selbst doch sehr ringen müssen, um meine Einsicht so anschaulich zu formulieren.

Was ist nun bewußtes Essen in unserem Sinn?
Das erste Gebot ist das Einhalten von gleichbleibenden Essenszeiten. Immerzu etwas in den Mund stopfen, läßt uns ganz die Übersicht verlieren. Nur auf feste Mahlzeiten kann man sich freuen. Auf jede einzelne. So wird gutes Essen wieder zu einem Ereignis, zu Glanzpunkten des Tagesablaufs.
Es ist doch eigentlich schade, wenn man eine so schöne Sache im Vorübergehen abhandelt, als wäre sie völlig nebensächlich.
Dabei kann das Essen alle unsere fünf Sinne beschäftigen, wenn wir ihm wieder den richtigen Stellenwert einräumen. Bewußtes Essen ist auch sorgfältiges Essen.
Wie kann man den herrlichen Duft von Essen wahrnehmen, wenn man ihn bei unmäßigen Mengen gar nicht mehr richtig definieren kann? Wie seinen Geschmack, sein leckeres Aussehen? Wie kann etwas „auf der Zunge zergehen", wenn es pfundweise geschluckt wird?
Du siehst, wir müssen wieder schmecken lernen, wie mein junger Kurgast sich das wünscht.

Vollwertige Nahrung schmeckt köstlich von Natur aus!
Sie muß nicht erst schmackhaft gemacht werden durch Fett, Sahne und viele Zutaten.
Während aller Mahlzeiten sollst du dich durchaus satt essen. So, wie du es für dich empfindest.
Du wirst mir entgegenhalten, dein Tag wäre zu stressig, um regelmäßige Mahlzeiten einzuhalten. – Einverstanden –. Dennoch kann es für dich ein geruhsames Frühstück und Abendessen geben.
Für den Tag gibst du dir genaue Order. Für das, was in Betracht kommt und was ersatzlos gestrichen wird.

Frühstück
Den Tag mit unserem Müsli zu beginnen, wäre optimal. Milch und saures Obst – das ist die basenbildende Mahlzeit, die den Verdauungstrakt bestens auf seine Arbeit vorbereitet.

Mittagessen
Vollkornbrot oder einige Getreideplätzchen aus unserem Rezeptteil. Speist du in Restaurant oder Kantine, so rate ich dir zu Gemüseplatte, Kartoffeln mit Gemüse, Kartoffeln mit Matjes oder Quark, Brot mit rohem Schinken, Spargel mit Kartoffeln und rohem Schinken, Nudeln mit Pilzen oder Gorgonzolasoße o. ä.
Hast du dich mittags für eine Eiweißmahlzeit entschieden, so ist Fleisch mit Gemüse immer richtig.
Dazu gern Wein. Auch eine Salatschüssel mit Käse und Ei ist o. k.

Nachmittag
wäre ein Joghurt mit frischen Früchten angebracht. Auch gegen ein Stück Kuchen *gelegentlich* wäre nichts einzuwenden (kein Obstkuchen).

Abendessen
Hier hast du Gelegenheit, köstlich und ausgiebig zu speisen. Eiweiß oder Kohlenhydrate, das ist deine jeweilige Entscheidung.

Wie du siehst, stehen dir „sorglose Zeiten" bevor. Zeiten, wo du nicht mehr bange auf den Zeiger deiner Waage blicken mußt. Aber noch ist es nicht ganz so weit. Bis dahin wollen wir den Weg zu deiner persönlichen Idealfigur äußerst vergnüglich gemeinsam gehen...

Gewohnheiten – wie ändert man sie?

Gewohnheit kommt von gewöhnen. Was man sich angewöhnen kann, muß man sich auch abgewöhnen können. Wir haben uns an die falschen Eßgewohnheiten gewöhnt.
Es hat sich so ergeben, daß man zu fett, zu eiweißreich, zu gehaltvoll ißt.
Oder man ißt den ganzen Tag über so gut wie nichts, um dann am Abend, wenn der Streß des Tages von einem abgefallen ist, gigantisch zuzuschlagen.
Die erste und wichtigste Regel, an die wir uns wieder gewöhnen müssen, ist, wieder *regelmäßig* zu essen.
Bestimmte Zeiten, bestimmte Mengen. Das ist die wichtigste Voraussetzung für den Erfolg während der Reduktion.
Aber auch in der Zeit danach: Die nunmehr gewohnten Zeiten bleiben.

Jeder Essenstag will geplant sein!
Bitte überlege genau, ob du alle notwendigen Zutaten in den Tag gepackt hast, die dein Körper braucht, um ordnungsgemäß funktionieren zu können.
Frühstück wie ein König, Mittagessen wie ein Fürst, Abendessen wie ein Bettelmann?
Ganze Generationen von Ernährungswissenschaftlern haben uns das eingeredet. Nun haben wir den Salat und müssen sehen, wie wir von den Pfunden runterkommen.
Was nützt die schönste ernährungsphysiologisch schlüssige Weisheit, wenn sie auf den eßsüchtigen Menschen nicht anwendbar ist.
Was das bei mir für Folgen hat, wenn ich mir ein reichhaltiges Kohlenhydrat-Frühstück gönne, will ich dir sagen: *Ich programmiere damit mein Eßverhalten für den ganzen Tag.* Das heißt schlichtweg, so ein Frühstück ist für mich der Anfang vom Ende.
Ich könnte essen, essen und essen. Geht es dir nicht auch so? Leidensgenossen bestätigen mir immer wieder ähnliche Erfahrungen. Da kann mir doch die wissenschaftliche Meinung gestohlen bleiben.
Viel besser kann man den Tag mit unserem Muntermachermüsli beginnen. Es schmeckt nicht nur köstlich, sondern erfrischt für den Tagesbeginn und sättigt angenehm.

Nimmst du zum zweiten Frühstück oder zur Mittagszeit deine durchaus notwendige Kohlenhydratmahlzeit ein, hast du die schlimmste Suchtgefahr bereits hinter dich gebracht. Was ist es denn, was nach mehr und größerem Nachschlag schreit? *Kartoffeln, Süßspeisen, frisches Brot, Nudeln, Kuchen.* Solange du noch nicht gefeit bist gegen solche Suchtauslöser, rate ich dir, diese, nämlich die gefährlichen konzentrierten Kohlenhydrate, bis zum Nachmittag erledigt zu haben. Wenn du dich am Nachmittag für ein Stückchen Kuchen entscheidest, wirst du damit deinen Regeln nicht untreu. Nur – es sollte eben bei dem einen Stückchen bleiben...

Erinnere dich an deine Erfahrungen. Den Tag schafft man locker – dann aber naht der Abend. Für den Suchtkranken die gefährliche Zeit. Die Zeit der Versuchungen. Womöglich nach dem Abendessen die berühmte Fernsehknabberei. Nüsse, Chips, ein paar Bierchen oder ein Gläschen Wein zum Tagesausklang.

Dann ganz spät abends noch eine Stippvisite an den Kühlschrank. Wer kennt sie nicht, die gelangweilte Suche nach dem Gaumenkitzel. Hier mal kosten, da noch was in den Mund stopfen. Knüppeldick satt sein – dennoch, das Gefühl „satt und zufrieden sein" bleibt aus.

So rate ich dir eindringlich, die Eiweißmahlzeit auf den Abend zu verlegen. So lange jedenfalls, bis dir keine Suchtgefahr mehr droht. So bewahrst du dich vor unnötigem Ausufern deiner Eßlust. Wie sollte diese im Eiweißrahmen auch aussehen? Salat soviel du willst, o. k. Gemüse soviel du magst. Auch o. k.

Ein Steak, wie du es für deine Gesundheit für tragbar hältst, ist o. k. Danach edler Wein. Wein gehört dazu. Die gute Tasse Kaffee mit Schlagsahne mag das Essen abrunden. Was – immer noch nicht genug? Also gut, noch eine kleine Käseauswahl mit frischen Früchten. Der Abend ein Erfolg. Kein Völlegefühl, keine Ermüdung. Der Tag danach – keine Reue.

Vielleicht ist in der ersten Zeit das Steak zu groß, der Käse zu reichlich. Das gibt sich, glaube mir.

Wer will schon auf Dauer ein Steak – und noch ein Steak... Du siehst, auch Eßsucht läßt sich überlisten, wenn man die „Gefahren" kennt und dem Körper eine erlaubte Alternative bietet. In kurzer Zeit wird auch daraus eine Gewohnheit. Aber eine Gewohnheit im gewünschten Sinne, von dir selbst manipuliert.

Mahlzeiten zwischendurch, die deiner Linie nicht gefährlich werden sollen, wählst du am besten aus den neutralen Nahrungsmitteln.

Ideal ist rohes Gemüse:
- Karotten
- Radieschen
- Kohlrabi
- Stangensellerie
- Blumenkohlröschen
- Rettich
- Paprika.

Als Mixed Pickles empfehle ich dir milchgesäuertes Gemüse aus dem Reformhaus oder dem Bioladen.
Magst du Gemüse lieber mit Dip, so kann dieser fertig immer als Vorrat in deinem Kühlschrank stehen.

Auch Salat	– mit Joghurtdressing oder Buttermilchdressing bietet sich an.
Joghurt oder Quark	– kann man salzig oder süß anmachen.
Honigmelone	– schmeckt mit Schinken oder Bündnerfleisch belegt – oder solo.
Wassermelone	– die richtige Erfrischung.

Du stellst nun fest, daß du tatsächlich auf nichts verzichten mußt, willst du dich nach der vollwertigen Trennkost ernähren. Du darfst nur nicht vergessen, einer jeden kleinen „denaturierten Sünde" eine entsprechend vollwertige Nahrung entgegenzusetzen. Kuchen, Sahne, Eis, weiße Nudeln, Schokolade, Pudding sind ein durchaus legitimer Genuß und sollten hier nicht verteufelt werden. Aber, es muß ein ausreichendes Gegengewicht vorhanden sein.
Der Hauptteil deiner Nahrung muß aus der Gruppe der Vollwertlebensmittel bestritten sein. Dann droht weder deiner Gesundheit noch deiner Schlankheit eine Gefahr.
Morgens – mittags – abends, das sollen wieder deine Essenszeiten sein.
Und – wichtigste Gewohnheit soll dir werden, diese Mahlzeiten vollwertig und nicht vollfett oder denaturiert zu planen.

Die Rolle der denaturierten Nahrungsmittel bei Übergewicht

Bei deiner Nahrungszusammenstellung muß für dich die erste und wichtigste Regel sein:

Meide weitgehend die konzentrierten, denaturierten Kohlenhydrate.

Diese sind die wahren Dickmacher. Sie als *Lebens*mittel zu bezeichnen, hieße ihnen zuviel Ehre antun. Tatsächlich fehlt ihnen das Leben gänzlich. Alles, was Nahrung wertvoll macht, ist ihnen entzogen.
Und das ist das Schlimme – sie erzeugen Sucht. Sucht auf mehr.
Du mußt dir den Teufelskreis folgendermaßen vorstellen: Du ißt Schokolade. Der darin enthaltene Zucker treibt den Blutzuckergehalt kurzfristig hoch. Das bemerkst du als Energieschub. Dieser (vorübergehende) Blutzuckergehalt reicht aus, um der überempfindlichen Bauchspeicheldrüse das Signal zur Ausschüttung einer Überdosis Insulin zu geben.

Wenn du begreifst, welche Funktion das Insulin in deinem Körper hat, kennst du genau den Grund für dein Übergewicht.
Insulin ist das Hormon, das die Aufgabe hat, das als Glukose im Blut vorhandene Kohlenhydrat zu steuern, das heißt, auf chemischem Weg zu den Zellen zu dirigieren, wo sie als Energie gebraucht oder zu Fett umgewandelt als Energiereserve gespeichert werden. Wenn nun überschüssige Glukose im Blut vorhanden ist, wird sie in Energie oder Fett umgesetzt.
Insulin hat so eine nützliche Rolle, indem es dem Gewebe die jeweils benötigte Menge an Glukose zuführt.
Jedoch seine Eigenschaft, die Bildung von Fettreserven zu bewirken, ist für Übergewichtige weniger günstig.
Wenn man nun weiß, daß kurze Zeit nach der Einnahme von Zucker der Blutzuckergehalt wieder absinkt, und zwar tiefer als zuvor, erklärt sich auch der Umstand, daß der stoffwechselgestörte Mensch, den ich als den Übergewichtigen bezeichne, von einmaliger Gabe von Zucker nicht befriedigt sein kann. Der Körper verlangt nach mehr, weil er das, was er erreichen möchte, nämlich einen gleichbleibenden Blutzuckerspiegel, durch die *falsche Nahrung* abdecken will. Eine Nahrung, die nur wieder zurück in den Teufelskreis der Eßsucht führen muß.

Ganz ähnlich verhält es sich mit den anderen *leeren* Nahrungsmitteln, woraus unsere moderne Ernährung weitgehend besteht.
Weiße Brötchen, Nudeln, Kuchen, Eis, Süßigkeiten sind die Sünder, die uns in der Vergangenheit so gefährlich wurden. Mehr, mehr, mehr! So signalisiert uns unser Körper. Es gibt kaum eine Sättigungsgrenze. Und mit der Sättigungsgrenze fallen auch die Hemmschwellen. Dadurch verläßt uns auch jede Vernunft, wenn wir wieder einmal zuschlagen wie die Weltmeister. Das A und O bei der Nahrungszusammenstellung ist also die Vernunft, nicht das Kalorienzählen!
Diese Vernunft sollte resultieren aus dem Wissen über die Funktion meines Körpers, meiner eigenen Erfahrung mit mir selbst und last not least – aus den Vorgaben des Konzeptes, für das ich mich entschieden habe.
Vergiß jedenfalls nie: *Die Suchtgefahr lauert bei den konzentrierten, denaturierten Kohlenhydraten.* Kaum bei den Lebensmitteln, die wir zur Eiweißzeit oder zu den neutralen zählen.
Konzentrierte, denaturierte Kohlenhydrate veranlassen den eßsüchtigen Menschen zu unmäßigem Essen.

Vernünftige Nahrungszusammenstellung hat nichts mit Verzicht auf kulinarische Genüsse zu tun.
Aber, nicht mehr alles und vor allen Dingen nicht mehr alles zusammen. Das ist hier die Devise.
Die meisten Kohlenhydratmahlzeiten, wie Nudeln, Brot, Puddings, Eis, lassen sich aus vollwertigen Produkten mindestens so schmackhaft herstellen, wie du es von den denaturierten Kohlenhydraten her gewöhnt bist.
Diese gilt es nun erst einmal zu ersetzen. Das allein wird dir schon einige Schritte weiterhelfen.
Konzentrierte Kohlenhydrate müssen sein. Aber sie sollten generell einen geringeren Stellenwert für die Zukunft einnehmen.
Setz dich lieber einmal hin und überlege, welche der konzentrierten Kohlenhydrate du mühelos ersetzen kannst durch Gemüse, Salat oder andere basenbildende Lebensmittel.
Frage dich ehrlich, welche Genüsse du zum Leben brauchst, und überlege dann, wie sie im Rahmen der vollwertigen Trennkost zuzubereiten sein könnten.
Es wird nur wenig übrigbleiben von den „wirklichen Sünden", auf die du gar nicht verzichten kannst.

Vollwertig – worauf muß man achten?

Vergiß einmal, was du bislang über *„du darfst"* und *„wiegen"* und *„fettlos"* und *„verboten"* und andere Beschränkungen zu diesem Thema gehört hast. Sprechen wir hier lieber von deinem künftigen *„du mußt"*.
Danach achte bewußt darauf, daß jede (oder fast jede) Mahlzeit den Ansprüchen genügen soll, die du in Zukunft an deine Nahrung stellst.
Führen wir uns doch einmal unser sonderbares Verhalten vor Augen, das uns veranlaßt, unseren Körper wie ein lästiges Anhängsel zu behandeln. Wir gehen mit ihm um, als hätten wir den dringendsten Wunsch, herauszufinden, wieviel man ihm zumuten kann, bevor er zusammenbricht.
Wir nehmen in Kauf, daß wir uns kurzatmig die Treppe hinaufquälen, daß unsere Gelenke vorzeitig verschleißen und die Funktion fast aller Organe beeinträchtigt ist.
Wir finden es offenbar total in Ordnung, als geschlechtsloses Dickerchen zwischen den Fronten zu agieren.
Und wir gehen bewußt das Risiko ein, das sogar eine frühzeitige Sterblichkeit zu garantieren scheint.
Ganz anders halten wir es dagegen mit unserem Auto.
Nur das passende Benzin, das beste Öl, die zuverlässigste Werkstatt kommen für seinen Unterhalt in Betracht.
Natürlich wird es mit Sachverstand gehegt und gepflegt. Mit dem richtigen Shampoo gereinigt, mit bestem Wachs versiegelt.
Wieso eigentlich?
Ein Auto ist doch ersetzbar – *dein Körper aber nicht!!!*
Es ist schon eine seltsame Umkehr des tatsächlich angebrachten Stellenwertes, die uns so hirnlos handeln läßt.
Erinnert das nicht fatal an das Verhalten der Lemminge?
Selbstmord mit Messer und Gabel – das ist die richtige Bezeichnung dafür.
Wir sind es gewöhnt, daß wir unseren eigenen Motor füttern mit Nahrung, für die er nicht gemacht ist.
Haben wir uns davon verleiten lassen, daß nicht sofort ein Warnsignal aufleuchtet, wenn wir uns an unserem Körper versündigen?
Vielleicht macht er es uns zu leicht, wenn wir zunächst einmal ungestraft gegen die Gesetze der Natur verstoßen.

Es ist wichtig, daß wir *jetzt* nachdenken. *Jetzt* umkehren auf unserem Weg.
Der Körper ist ein komplizierter Verbrennungsapparat, der angewiesen ist auf den richtigen Brennstoff.

Bei der Nahrungszusammenstellung ist nichts verboten.
Jedoch sollte alles vom Besten und Wertvollsten sein. Brotbelag soll den Eigengeschmack des Brotes nicht „erschlagen", sondern ihn erst richtig zur Geltung kommen lassen. Köstliches Brot, mit feinstem Aufstrich „parfümiert", das ist die richtige Einstellung.
Sahne, Crème fraîche, Butter sind herrliche Geschmacksverfeinerer, wenn, ja wenn sie wirklich nur zum Hervorheben des Eigengeschmacks angewandt werden.
Ich kenne genügend Hausfrauen, die sehen das ganz anders. Ein Becher Sahne mindestens gehört in den Soßentopf. Das ergibt dann kein himmlisches Sößchen, sondern Sahne mit Soßengeschmack.

Wir sind zu leicht zu verführen!
In unserer Überflußgesellschaft ist immer alles sofort verfügbar. Und in unbegrenzten Mengen.
So haben wir uns daran gewöhnt, auch alles in unbedachten Mengen zu verwenden.
Umdenken ist dringend erforderlich, um wieder zu besserer Lebensqualität zu kommen. Wieder schmecken zu lernen, sich an den kleinen Dingen und Genüssen des Lebens zu erfreuen.

Vergiß das Kalorienzählen.
Aber mache dir bewußt, daß auch dein Essenstag einen Rahmen braucht. Geh bewußt und mit Bedacht mit diesem wichtigen Instrument, deinem Körper, um. Dazu mußt du ihn in allererster Linie richtig füttern. Die Pflege von innen muß noch vor der äußeren Pflege rangieren. Sei gut zu deinem Körper, und du wirst die Freude an ihm neu entdecken. Sei offen und neugierig. Entdecke für deine Ernährung neue Geschmacksrichtungen. Gerade aus Getreide lassen sich wundervolle Gerichte zaubern, die du noch nicht kennst. In Zusammenhang mit Gemüse und Sahne, mit Crème fraîche, Kräutern und Nüssen ergibt sich eine prächtige Vielfalt neuer Genüsse. Probiere einmal die Anregungen aus meinem Rezeptteil. Deiner eigenen Phantasie sind keine Grenzen gesetzt.

Getreide soll und muß einen wichtigen Anteil bei deiner Speisenplanung einnehmen, willst du den Erfolg für immer verbuchen.
Gerade das Thema Hunger und vermehrter Appetit ist dann kein Thema mehr. Nichts sättigt so nachhaltig wie vollwertiges Getreide. Natürlich ist ein Teil des Bedarfs über gutes Brot abzudecken. Suche dir dafür einen Bäcker deines Vertrauens, der dir garantiert, daß sein Brot nur aus besten, frisch geschroteten Körnern gebacken ist. Dann laß dein Brot einige Tage „reifen". Erst dann, sorgfältig gekaut natürlich, ist es die richtige Nahrung für dich. Daneben wäre es jedoch wünschenswert, du würdest dich außer mit Naturreis und Vollkornnudeln auch mit anderen Getreideprodukten befassen und sie in deinen Speiseplan aufnehmen. Abwechslung und Vielfalt sind auch eine Form der Lebensqualität. Allerdings sollen diese Erläuterungen kein Freibrief dazu sein, Getreide in Unmengen zu vertilgen. Die tägliche Portion sollte durchaus limitiert bleiben.

Kleiner Überblick
Längst wissen die Ärzte, daß *unsere* Ernährungsgewohnheiten ursächlich viele Krankheiten verschulden, die erst in dieser Größenordnung verbreitet sind, seit wir Nutznießer unserer Zivilisationsgesellschaft sind. Beispiele: Diabetes, Gicht, Rheuma, Fettsucht, Magersucht, Zahnfäule, Leber-, Nieren- und Darmleiden, Allergien, Herz- und Kreislauferkrankungen. Ja sogar Krebs und Bandscheibenleiden.
Die Ernährungsgewohnheiten in den zivilisierten Ländern haben sich in erschreckendem Maße von den natürlichen Produkten wegentwickelt. Die Nahrung, die die Erde uns schenkt, wird nicht mehr in der ursprünglichen Form genossen, sondern durch aufwendige technische Verfahren verändert – leider zum Negativen. So ist Maßhalten – besonders im Umgang mit den Gütern der Zivilisation – oberstes Gebot.
Und hier die wichtigsten Nahrungsmittel unter der Lupe:

Getreide ist das wichtigste Grundnahrungsmittel in der Ernährung aller Menschen seit Jahrtausenden.
Denken wir doch einmal einige Jahre zurück.
Weiße Nudeln, behandelter schneeweißer Reis, weißes raffiniertes Mehl waren tägliche Nahrung. Dabei büßen sie bei der Herstellung fast alle für uns wertvollen Bestandteile ein. Getreide in solcher Form kann kein Hauptnahrungsmittel sein.
Heute machen sich immer mehr Menschen Gedanken, wie man wie-

der „natürlicher" essen kann. So gibt es Naturreis, Vollkornnudeln, Grünkern, Buchweizen, Dinkel, Mais. Probiere doch einmal, die ungewohnten Nahrungsmittel mit Gemüse zu kochen. Du wirst begeistert sein über die ungewohnte Geschmacksvielfalt.

Brot – denken wir doch einmal daran zurück, welche Auswahl an Brotsorten der Bäcker in der Vergangenheit für uns bereithielt. Mehr als Weißbrot, Mischbrot oder Roggenbrot war es wohl kaum. Brot wurde damit in seiner ursprünglichen Bedeutung als Volksnahrungsmittel herabgewürdigt zu bloßem „Unterbau" für reichlichen (und fetten) Belag. Dabei enthält das Brot aus dem vollen Korn geradezu einen Schatz an Mineralstoffen und Vitaminen. Darunter das wertvolle Vitamin B. Dieser Schatz verbirgt sich aber nur in den Randschichten und den Keimen des Korns und nicht in seinem wertlosen Mehlkern. Beispieltest bei Ratten: Verheerende Wirkung durch Zugabe von weißem ausgemahlenem Mehl anstelle von Vollkornschrot. In der zweiten Generation Sterilität in fast allen Fällen.
Bei uns ist die Umkehr immerhin in Sicht. Bäcker backen heute wunderbare Brotsorten, die nicht nur gesund sind, sondern auch wundervoll schmecken.
Dazu muß gesagt werden: *Brot muß in seiner Verzehrmenge limitiert und sehr sorgfältig gekaut werden (mindestens 30 mal pro Bissen), da sonst eine sehr stark säurebildende Wirkung die Folge ist.*
Dazu kein zentimeterdicker Belag.

Fett ist für den Stoffwechsel ebenso lebensnotwendig wie Eiweiß und Kohlenhydrate. Wichtig ist dabei, daß man zu den gesättigten Fettsäuren auch die einfach ungesättigten und mehrfach ungesättigten Fettsäuren zu sich nimmt (kaltgepreßtes Pflanzenöl), die auch reichlich Vitamin E enthalten.
Egal aber, welches Fett wir auch verwenden, wir müssen äußerst sparsam damit umgehen. Insgesamt 70 g pro Tag genügen vollauf.
Achtung: Keine Verwendung von gehärteten Fetten, die auch in vielen Margarinen zu finden sind (Trans-Fettsäuren)!
Allen synthetischen Lebensmitteln, dazu gehören auch die denaturierten Fette, fehlt das Wichtigste – das Leben.

Gemüse wird heutzutage nicht mehr genossen, wie es erforderlich wäre, sondern totgekocht. Damit gehen nicht nur die wichtigsten Vitamine, sondern auch Mineralstoffe und Spurenelemente verloren, auch die für die Verdauung lebensnotwendigen Ballaststoffe. Oft fehlt bei unserer Speisenzusammenstellung das Gemüse ganz.

Obst. Wir essen zu wenig frisches Obst. Wann beißt man schon einmal herzhaft in einen Apfel. Zugeben muß man, daß heutzutage alles Obst ziemlich gleich schmeckt. Es ist zugunsten des schönen Aussehens denaturiert worden. Es ist dafür haltbarer und wertloser – leider. Deshalb ist es so wichtig, sich natürlich angebautes Obst (Bio-Laden, Landanbau, Garten) zu besorgen.

Milch ist nur wertvoll, wenn sie wirklich frisch ist und nicht bearbeitet. Leider müssen wir uns wohl mit der „zweitbesten Milch", die ziemlich wertlos geworden ist, begnügen!

Zucker ist praktisch ohne Wert. Dafür suchtauslösend und ein schlimmer Energieräuber, vor allen Dingen Vitaminfresser. Zucker braucht zu seiner Verwertung Vitamine des B-Komplexes. Daran leiden wir ohnehin schon Mangel. Zucker in jeder Form dient nicht der Ernährung, sondern nur dem Genuß.
Alternativen: Birnendicksaft, Rosinen. Getreidemalz (kein Vitaminräuber).

Du siehst, es ist gar nicht so einfach, sich vollwertig zu ernähren. Überlegung ist nötig. Von allem das Wertvollste kaufen, dafür nicht soviel essen. Auf Kleingedrucktes achten. Vorsicht Gift: Konservierungsstoffe, geschmacksidentische Aromastoffe, Zucker usw.

Anregung: Sojaprodukte kennenlernen – dies sind wertvolle Proteine ohne negative Seiten –, keine Ablagerungen bei der Verbrennung (Stoffwechsel), basenbildend.
Kleine Mahlzeit für zwischendurch:
Karotten, Kohlrabi, Radieschen, Rettich, Gemüsebrühe, Salat, – besonders ballaststoffreich essen.

Ballaststoffe

Jeder weiß, daß man sie braucht.
So wie Vitamine und Mineralien auch.
Aber wofür eigentlich genau?
Ich versuche meinen Seminarteilnehmern und Kurgästen die Wichtigkeit dieses Themas einmal plastisch vor Augen zu führen. Erinnerst du dich, wie es in deiner Kindheit mit deinem Stuhlgang aussah? Fast jeder hat doch eine Erinnerung an Spiele auf dem freien Feld, wenn im Eifer des Gefechts die Zeit vergessen wurde. Ein menschliches Rühren fand dann seine Erledigung gleich vor Ort. Da wurde ein richtig ordentlicher Schokoladehaufen einfach neben den Weg gesetzt. Wir wissen noch genau, wie er aussah. Wie gemalt. Mindestens ein Pfund schwer! Noch heute gibt es solche Objekte aus Gummi in den Juxläden, wie ein Relikt aus alten Zeiten.
Noch heute sage ich?
Ja genau. Seien wir doch mal ehrlich, wie sieht denn dein Schokoladehaufen dieser Tage aus?
Ein kärgliches Geklecker von 170–180 g bringt man gerade noch auf die Waage.
Wer macht sich heute schon groß Gedanken über diese Tatsache. Es ist eben so. Basta. Heute ist eben nicht alles so wie früher. Wir müssen wohl umdenken.
Aber – ist es damit getan?
Denn der Darm will offensichtlich nicht umdenken.
Diese 170–180 Grämmerchen sind in Wahrheit ein Hilferuf des Darmes, ein ernstes Warnsignal.
Wir nehmen aus den Medien, ja sogar aus der immer lauter werdenden Werbung zu diesem Thema zur Kenntnis, daß es heute immer mehr Menschen gibt, die bereits lange vor dem Greisenalter an Inkontinenz leiden, einer Darm- und Blasenschwäche, die wie ein Virus um sich zu greifen scheint.
Dies ist nur eine, die zunächst augenscheinlichste, Auswirkung der fehlenden Ballaststoffe.
Die sogenannte Peristaltik (Darmfortbewegungsdrang) kann ohne die Ballaststoffe nicht ausreichend stimuliert werden.
Dabei kann eine gute Konsistenz des Darminhaltes alle Giftstoffe einschließlich der Einlagerungen in den Darmzotten mit sich forttrans-

portieren. Dazu bedarf es der Quell- und Faserstoffe. Du kannst dir das ähnlich vorstellen, wie eine Hausfrau mit einem zähen Knetteig auch alle Teig- und Mehlreste vom Tisch walkt und zu einem einzigen Kloß verknetet.
Tatsache ist, daß wir Rückstände im Darm nicht brauchen können. Sie gären, und es entstehen giftige Gase.
Auch zu Versteinerungen in den Darmzotten kann es kommen, wenn der Darminhalt nicht aktuell ausgeräumt wird.
Du siehst, daß Ballaststoffe tatsächlich lebensnotwendig sind.
Besonders Getreide führt diese Ballaststoffe mit Faser- und Quellstoffen in reichem Maße neben Vitaminen, Mineralien, Eiweiß und Kohlenhydraten.
Gemüse und Obst sind beste Ergänzung.
Hast du gewußt, daß sich im Dünndarm 75 Prozent (!!!) unseres gesamten Immunsystems befindet? Wer sich dies klarmacht, zweifelt nicht mehr an der Lebensnotwendigkeit sinnvoller Darmpflege.

Schweinefleisch und Gesundheit

Es schmeckt gar so gut, das saftige Stück Schweinekamm vom Grill. Und erst die knusprige Haxe zum Sauerkraut. Ah, und der zarte Schweinebraten!
Gar nicht mehr aufhören zu essen möchte man. Monströse Portionen würde man zu gern vertilgen.
Geht es uns eigentlich bei den andern Fleischsorten auch so?
Hat man diese unbezähmbare Lust auch auf Geflügel, Hammel, Rind oder Wild?
Sicher, Fleischliebhaber freuen sich auf eine ordentliche Portion, zu Gemüse, Salat dabei.
Aber dann ist's genug. Wer will schon noch eine Portion essen und noch eine?
Zugegeben, manchmal gibt es auch solche Exzesse.
Aber eben nur manchmal.
Während das lecker zubereitete Schweinefleisch geradezu auffordert, mehr und mehr zu essen.
Wie das kommt?
Schweinefleisch gehört im makrobiotischen Sinn zu den Suchtauslösern.
Es ist stark Yin.
Gift also für den eßsüchtigen Menschen.
Es versteht sich schon deshalb, daß es für uns nicht zu den bevorzugten Nahrungsmitteln gehören kann.
Aber dies ist nur ein Aspekt, wenn auch für unser aktuelles Thema im Moment der vordergründigste.
Sehen wir uns einmal die gesundheitliche Seite beim Schweinefleischgenuß an, kann uns schon das kalte Grausen kommen.
Ich folge hier den Ausführungen von Dr. med. Reckeweg, der sich ausführlich mit diesem Thema befaßt hat.
Gleich zu Anfang seines Referates weist er darauf hin, daß in keinem arabischen Land das Fleisch vom Schwein verzehrt wird.
Aus religiösen Gründen, mag man sagen.
Richtig.
Aber die Gründer der großen Religionen, wie Moses und die Propheten, im Islam Mohammed, haben ja die religiösen Gebote unter Berücksichtigung der von Gott begründeten Gesetze in der Natur ge-

geben, gegen die man nicht verstoßen darf, weil sonst Krankheit die Folge ist.
Ein unfreiwilliges Großexperiment beweist eindrucksvoll diese Gesetzmäßigkeit:
Unter Generalfeldmarschall Rommel erkrankten während des Zweiten Weltkrieges im Nordafrika-Feldzug nahezu sämtliche Soldaten des deutschen Heeres an einer „tropischen Ulzera", einer Geschwürkrankheit der Unterschenkel.
Erst das Umstellen auf die Ernährungsweise der islamischen Urbevölkerung brachte schlagartige Genesung.
Noch nicht so lange zurück liegt ein überzeugendes Beispiel, das viele von uns noch gut in Erinnerung haben.
Die Hungerjahre während und nach dem Zweiten Weltkrieg, die Zeit der schlimmsten Entbehrungen also, war eine Zeit der absoluten Volksgesundheit. Es gab so gut wie überhaupt kein Schweinefleisch, wenig Fett, kaum Zucker. Die Menschen ernährten sich von Zerealien, d. h. Brot und Teigwaren, geschrotetem Getreide sowie von Kartoffeln, Gemüse, Rüben, ja zum Teil von Wildgemüse wie Brennessel und Melde.
Es gab damals viele Krankheiten überhaupt nicht, die heute für fast jeden zum Alltag gehören.
Es gab kaum jemals eine Blinddarmentzündung. Keine Gallenblasenerkrankung, kein Rheuma, kein Bandscheibenleiden, keinen Herzinfarkt, keine Verkalkungen, keinen Bluthochdruck. Alle diese Krankheiten und noch andere mehr waren eher die Seltenheit, während sie heute zum Selbstverständlichen geworden sind.
Der wiedereinsetzende Wohlstand brachte eine Flut von Erkrankungen mit sich, wie z. B. Hautprobleme, Furunkulose, Pilzbefall, Flechten, Abszesse. Sollte die starke Zunahme der Allergien nicht auch zurückzuführen sein auf das histaminhaltige Schweinefleisch? Dies trifft auch auf häufige Grippeerkrankungen zu. Es deutet viel darauf hin, daß die Grippeviren im Schwein überwintern.
Auch die Frauenerkrankungen nehmen rapide zu.
Auf dem Land mit seinen Hausschlachtungen gibt es erschreckend viele Frauen mit „offenen Beinen".
Solche Beobachtungen müssen ursächlich mit dem Verzehr von Schweinefleisch zusammenhängen.
Viele Experimente während langjähriger Forschungen beweisen dies.

Beispiele:

Boxerhunde erhalten kein Schweinefleisch, weil sie dadurch Räude und juckende Hautkrankheiten und oftmals innere Leiden bekommen.

Löwen und Tiger werden von Schweinefleisch träge und fett. Bluthochdruck und Nasenbluten können zum Tod führen.

Forellen können durch Schweinefleischfutter komplett vernichtet werden. Und das innerhalb weniger Tage.

Mäuse, die mit Schweinefleisch gefüttert werden, neigen zu Kannibalismus, Krebs, Hautkrankheiten.

Menschen, die ihren Fleischbedarf fast ausschließlich mit Schweinefleisch abdecken, erkennt man häufig an ihrer Statur. Specknacken, gewaltige Oberschenkel, Speckrollen an der Taille, Schmerbauch. Merkmale oft von ganzen Bevölkerungsgruppen. Zum Beispiel sagt der Bayer, er äße „Kartoffeln nur veredelt durch den Magen eines Schweines" (bayrischer Volksspruch).

Es würde den Rahmen unseres speziellen Gewichtsthemas sprengen, würden wir auf den wissenschaftlichen Background des Schweinefleischproblems ausführlicher eingehen.

Jedoch sollte uns nachdenklich machen, daß nahezu jeder Arzt der Naturheilkunde und ausnahmslos jeder Heilpraktiker vor den Folgen des Schweinefleischessens warnen.

Wer mehr darüber erfahren möchte, dem empfehle ich das kleine Buch von Dr. H. Reckeweg: Schweinefleisch und Gesundheit.

Säuren und Basen

Auch dieses Thema ist außerordentlich wichtig und steht in ursächlichem Zusammenhang mit der Trennung von konzentriertem Eiweiß, von konzentrierten Kohlenhydraten bei einer Mahlzeit.
Was wir in unserer Darstellung über das Funktionieren der vollwertigen Trennkost zu besserem Verständnis einfach einmal sinnbildlich dargestellt haben, wollen wir hier noch ausführlich erläutern.
Vielleicht wird es niemals ganz möglich sein, die Verdauungsgesetze vollständig zu klären.
Aber die Fehler, die aus gedankenlos zusammengestellter Nahrung resultieren, können wir alle an uns und unseren Mitmenschen erkennen. Gesundheitliche Probleme wie Stoffwechselstörungen, Rheuma, Gicht, Kreislauferkrankungen, Verdauungsstörungen, Krebs, Ermüdbarkeit, Unlust und Depressionen rühren zumeist von einer Übersäuerung des Körpers her.

Wie entsteht Übersäuerung?
Sünde Nummer 1 ist eindeutig zu hoher Verbrauch von tierischem Eiweiß. Dieses Eiweiß in zu großen Mengen kann vom Körper (besonders bei sitzender Lebensweise) nicht ausreichend abgebaut werden. Rückstände bleiben halb verbrannt im Körper zurück. Dort verwandeln sie sich in Harnsäure und andere Säuren. Diese belasten die körperlichen und seelischen Funktionen. (Produkte aus Soja verbrennen schlackenfrei.)
Sünde Nummer 2 sind raffinierte und denaturierte Nahrungsmittel wie Weißmehl und andere Getreideprodukte, Zucker, Stärke, Sirup. Diese sind Säurebildner ersten Grades. Bei der Verbrennung entsteht Kohlensäure im Blut. Kohlensäure wirkt zwar nicht in dem Maße vergiftend wie die Eiweißgruppe, jedoch werden nicht genug basische Elemente im Blut zurückgelassen, so daß der Säurezustand perfekt vorbereitet wird.
Sünde Nummer 3 ist die Mißachtung der Naturgesetze und damit der chemischen Notwendigkeiten bei der Zusammenstellung der Nahrung. Bei Beachten der richtigen Zugehörigkeit der Lebensmittel können wir bereits nach 8 Wochen eine deutliche Entschlackung und Regeneration an unserem Körper und unseren Organen feststellen.

Das Säure-Basen Gleichgewicht

Es ist ausschlaggebend für unser Wohlbefinden. Ich bin sauer! Wer hat ihn noch nicht benutzt, diesen flapsigen Spruch. Gemeint war damit, daß man sich nicht wohlfühlte, oder auch negative Empfindungen hatte. Ohne es zu wissen, gaben wir damit Auskunft über die chemische Befindlichkeit in unserem Körper. Ich bin sauer! Das ist so wortwörtlich aufzufassen. Der pH-Wert ist dafür der Gradmesser. Der pH-Wert gibt Auskunft über den sauren oder basischen Zustand einer Flüssigkeit. PH-neutral hat die Bezeichnung 7, Richtung Null wird die Flüssigkeit immer saurer, Richtung 14 immer basischer.
In der heutigen Medizin gilt es als bewiesen, daß zahlreiche „moderne Krankheiten" die direkte Folge der Übersäuerung in unserem Körper sind. Die AZIDOSE (Übersäuerung), besonders die Gewebeazidose ist bei den meisten Menschen unseres Zivilisationsbereiches die Regel.
Unser Blut, unsere Zellen sollen einen pH-Wert von 7,38–7,41 aufweisen. Die Stoffwechselvorgänge erfordern also ein leicht basisches Milieu. Werte die darunter liegen, z.B. bei 7,37, sind bereits Ausdruck einer starken Übersäuerung. Säuren oder Basen entstehen im Körper als Endprodukte von Verstoffwechselung.
Die Stoffwechsel-Gewebesäure lähmt zum einen die Gefäßmuskeln. Dadurch sinkt der Blutdruck vor den Kapillaren. Das sind die kleinsten Blutgefäße, durch die das Blut gepumpt werden muß.
Zum anderen versteifen sich in saurem Milieu die roten Blutkörperchen (Erythrozyten). Diese sind Träger von Sauerstoff, normalerweise leicht verformbar und „schlüpfen" mühelos durch Haargefäße (Kapillare), die einen geringeren Durchmesser haben als sie selber. Bei Versteifung kommt es zu einem „Stau" und somit zu einer Unterversorgung mit Sauerstoff in dem Rest der Kapillaren und zu Thrombenbildung. Dadurch erklärt sich, daß bei Übersäuerung Müdigkeit und Antriebsarmut die Folge sind. Bei dem gesamten Vorgang werden außerdem die Wände der Kapillaren unter Versorgungsnot rauh, quellen auf und werden großporig. Dadurch kann Blutwasser und -eiweiß ins Gewebe ausfließen, woraus sich vielerlei Probleme ergeben. All dies führt zu einem immer saurer werdenden Organismus. Dieser wehrt sich durch vermehrte Bildung von roten Blutkörperchen, um zusätzlich Sauerstoff aufzunehmen. Dies führt oftmals zur Zusammenballung dieser roten Blutkörperchen und hat die Erhöhung des Blutdruckes zur Folge.

Die Arteriosklerose als Todesursache Nr. 1 in unseren Regionen, kann leicht das Ergebnis sein. Unglücklicherweise sind die nicht mehr oder nur selten rückgängig zu machenden Folgen dieser ständigen Säure-Abwehr oft erst nach ca. 20 Jahren oder noch später als unheilbare Krankheit zu diagnostizieren.

Der heutige Mensch ist chronisch von der durch ihn selbst produzierten Säure in seiner Gesundheit bedroht. Er kann nicht mehr davon ausgehen, allein durch vollwertige Nahrung sein Säure/Basen-Gleichgewicht zu erhalten. Dieses jedoch ist unerläßlich für den ungestörten, gesunden Ablauf unserer Organfunktionen. Um eine wirkungsvolle Gesundheits-Strategie entwickeln zu können, muß man sich vor Augen führen, wodurch Säuren im Organismus gebildet werden. Zuviel Säure in unserem Körper verkürzt das Leben.

Hier sind die besten Tips gegen die Übersäuerung des Körpers:

- Reichlicher Verzehr von basenbildender Kost, wie Obst, Gemüse, Salat, Soja
- Verzehr von Nahrungsmitteln, die möglichst wenig mit Umweltgiften belastet sind
  (Eigenanbau, Bio-Bauer, Bio-Laden, Reformhaus)
- Limitieren von konzentrierten Eiweiß-und Kohlenhydratnahrungsmitteln
- Meiden von Streß-und Angstsituationen
- Stabilisieren der Gemütslage durch Übungen wie *Affirmationen*
- Regelmäßiger Aufenthalt in möglichst unbelasteter Natur
- Sorgfältiges Abatmen der Endprodukte des Stoffwechsels, vor allem der Kohlendioxyde
- Zusätzliche Einnahme von basenbildenden Mineralien
- Anwendungen mit kaltem Wasser
- Körperliche Bewegung wie Gymnastik, Schwimmen, Fahrradfahren, Yoga
- Belastung der Muskeln ohne Belastung der Gelenke durch Gartenarbeit, Schwerarbeit,
- Fitneßtraining, Hanteltraining
- Medikamenteneinnahme auf ihre zwingende Notwendigkeit überprüfen und ggf. auf Naturheilmittel zurückkommen

Nahrungsmittel mit basenbildender Wirkung

+ = leicht basenbildend ++ = stärker basenbildend +++ = sehr stark basenbildend

Nahrungsmittel mit säurebildender Wirkung

– = leicht säurebildend —— = stärker säurebildend ——— = sehr stark säurebildend

Austern +
Bananen +
Brunnenkresse +
Dill ++
Gurke +
Karotten ++
Kartofeln +
Kartoffelmehl +
Kastanien +
Blumenkohl +
Grünkohl +
Rotkraut +
Weißkraut +
Wirsing +
Kohlrabi Knollen +
Kohlrabi Blatt, Stengel ++
Kürbis +
Bohnen, grün +
Lauch +
Löwenzahn ++
Meerrettich +
Melone +
Milch +
Sahne +
Kondensmilch +
Milchpulver (Voll) +
Oliven +++
Paprika, grün +
Röm. Salat +
Rettich, schwarz +++
Rettich, weiß +
Radieschen +
Endivien +
Kopfsalat +
Feldsalat +
Steckrüben, weiß ++
Runkelrüben +
Möhren +
Schnittlauch +
Schwarzwurzel +
Sellerie Wurzel ++

Sellerie Blatt, Stengel ++
Pilze +
Spinat +
Auberginen +
Zwiebel +
Kokosnüsse +
Sojabohnen +++
Sojafleisch +
Apfel +
Apfel, getrocknet +
Ananas +
Birnen +
Birnen, gedörrt +
Brombeeren +
Datteln +
Erdbeeren +
Feigen, getrocknet +++
Heidelbeeren +
Himbeeren +
Johannisbeeren +
Kirschen +
Mirabellen +
Pfirsiche +
Pflaumen +
Zitronen +
Orangen +
Trauben +
Bohnenkaffee + Schwarztee +

Anmerkung:
Obst, das in gesundem Körper mit Hilfe von Sauerstoff zu Kohlensäure verbrennt, wird nur dann zügig und rückstandsfrei verdaut, wenn es separat gegessen wird

Aal –
Lachs –
Kabeljau –
Schellfisch –
Schleie –
Heringe –
Kaviar –
Fleisch ——
Fleischextrakt –
Hühnereigelb –
Hühnereiweiß –
Linsen ——
Mais –
Mondamin (Maisstärke) –
Reis, natur –
Reis geschält –
Roggenmehl, raffiniert –
Roggenmehl, Vollwert ——
Weizenmehl, raffiniert –
Weizenmehl, Vollwert ——
Weizengrieß –
Buchweizen –
Hirse –
Erdnüsse ——
Bucheckern ——
Haselnüsse –
Mandeln –
Butter –
Magarine –
Palmin ——
Handkäs ——
Magerkäse –
Parmesankäse –
Schweizer Käse –
Edamer Käse –
Quark ——
Rosenkohl ——
Artischocken –
Tomaten ——

Wie funktioniert die TRENNKOST?

Der menschliche Körper praktiziert ohnehin eine Art von TRENNKOST. Dies, weil er Eiweiß und Kohlenhydrate nicht zur gleichen Zeit v o r - v e r d a u e n kann. So bedarf die Eiweiß-Vorverdauung der Säure und die Kohlenhydrat-Vorverdauung der Lauge (oder Base). Diese beiden Flüssigkeiten zusammengegossen, würden sich gegenseitig neutralisieren. Somit also könnte keine chemische Reaktion, also auch keine Verdauung stattfinden.
Deswegen hat die Natur für die notwendigen, unterschiedlichen Verdauungsschritte verschiedene Stationen eingerichtet.
So beginnt die Verdauung tatsächlich schon mit dem Blick auf den Teller oder mit der bloßen Vorstellung, Phantasie: Sofort werden im Magen z.B. die entsprechenden Enzyme und die nötige Menge Magensaft bereitgestellt, um konzentriertes Eiweiß zu empfangen und dort vorzuverdauen.
Der so aufbereitete Eiweißbrei wird dann problemlos im Zwölffingerdarm entsäuert, die nunmehr erfolgende alkalische Weiterverdauung des Eiweißes kann optimal und ungestört ablaufen, um im Dünndarmbereich eine gute Resorption zu ermöglichen.
Für die Proteinverdauung bildet sich im Mund nur ein dünner, schleimiger Speichel, der lediglich die Aufgabe hat, die gekaute Eiweißnahrung zu verflüssigen und ihr als Gleitmittel in den Magen zu dienen.
Ganz anders sieht es bei der Aufnahme von konzentrierten Kohlenhydraten aus. Dafür ist ein enzymreicher Speichel erforderlich, der die V o r v e r d a u u n g bereits im Mund absolviert. Diese ist besonders wirksam, wenn durch ausreichendes Kauen die erforderliche Speichelamylase gewährleistet ist.
Für den auf diese Weise gut v o r v e r d a u t e n Kohlenhydratbrei ist der Magen nur eine Durchgangsstation, der für die Verdauung keine Funktion hat. So landet der Kohlenhydratbrei rasch im Zwölffingerdarm, wo die ungestörte Weiterverdauung durch die passenden Verdauungssäfte stattfindet, sodaß er im Dünndarm zu Zucker verarbeitet und resorbiert werden kann.
Der Magen ist also die VORVERDAUUNGSSTATION für **Eiweiß** und der Mund die VORVERDAUUNGSSTATION für **Kohlenhydrate**.
Die eigentliche Verdauung findet erst im Zwölffingerdarm/Dünndarm statt.

Wird der Körper mit <u>Mischkost</u> gefüttert, fängt das Dilemma schon im Mund an. Welcher Speichel soll nun gebildet werden? Die verschiedenen Nahrungsgruppen behindern sich gegenseitig. Vorverdauung von Kohlenhydraten kann nicht ungestört absolviert werden.

Die unzulänglich vorverdauten Kohlenhydrate kommen nun, vermischt mit Eiweiß, in den Magen, wo die Magensäfte sich durch den viel zu umfangreichen Mischbrei arbeiten, um ihre Zielgruppe, die Proteine, entsprechend versorgen zu können. Es dauert so unnötig lange, bis der gesamte Brei ausreichend durchsäuert ist.

Durch das zu lange Verbleiben im Magen kommen Kohlenhydrate, für die der Magen ja nur als Durchgangsstation gedacht ist, leicht zur Gärung und Eiweiß zur Fäulnis. Verläßt der Mischbrei nun endlich den Magen, so muß er im Zwölffingerdarm erst einmal neutralisiert werden, damit hier die Kohlenhydratverdauung, die so unzulänglich im Mund begonnen wurde und die Eiweißverdauung, die verzögert im Magen stattfand, annähernd effizient weitergeführt werden kann.

Aber auch hier können die eingesetzten <u>Enzyme für die Eiweißverdauung</u> und die <u>Enzyme für Kohlenhydratverdauung</u> nicht in ihrer vorgesehenen Konzentration wirken, da sie sich durch die Vermischung gegenseitig behindern.

Die Notwendigkeit des „richtigen Atmens"

Sorgfältiges Atmen ist ein wichtiger Schritt auf unserem Weg. Wir haben vergessen, wie wohltuend richtiges Atmen ist. Rufen wir uns die Sprüche unserer Vorfahren in Erinnerung: „Tief durchatmen!" Das wurde als erste Hilfe gegen Schock, Schreck und Ärger betrachtet. Atemlos sein. Das nimmt einem den Atem. Halt mal die Luft an.
Aus all diesen Aussprüchen ist zu entnehmen, daß unseren Müttern und Vätern selbstverständlich war, daß *Atem Leben ist.* Richtig atmen kann unser Leben in eine andere Richtung bringen, kann uns verdauen helfen, kann uns entschlacken helfen. Das Blockieren des intensiven Atmens hindert außerordentlich viele Menschen daran, ein Leben voll Freude und Energie zu führen. Richtig atmen hilft uns, selbstbewußter zu sein. Richtiges Atmen macht angsttrei. *Wovor sollte ein Mensch Angst haben, der hoch aufgerichtet tief ein- und ausatmet?* Üben wir also, wieder richtig und sorgfältig zu atmen.
Täglich mehrmals Atemübungen sind Pflicht und Notwendigkeit!

Anweisung zum Energieatmen

Leider haben wir vergessen, wie wichtig diese natürliche Quelle der Energie ist.
Bitte beobachte dich einmal sorgfältig. Du atmest ganz flach. Oft setzt du sogar mit dem Atmen aus.
Dabei ist richtiges, intensives Atmen für deine Säure-Basen-Balance immens wichtig.
Aktuell kannst du eine der Atemtechniken, und zwar die vollständige Yogaatmung, als Supermuntermacher einsetzen.
Doch wie alles im Leben, fällt auch das einem nicht in den Schoß. Du mußt es dir erarbeiten.
Aber das kostet nichts und tut schließlich nicht weh. Im Gegenteil. Schon beim Üben profitierst du. Mach dich also noch heute ans Werk. Du kannst überall probieren. Im Auto, im Büro, wenn du irgendwo wartest, beim Gehen, vor dem Fernseher, ja auch beim Gespräch mit andern. Ruf dir so oft wie möglich ins Gedächtnis: Atmen ist Leben und hilft dir, gesund, ausgeglichen und glücklich zu sein!
Machen wir uns also klar: Wir atmen falsch und müssen das ändern.
Ein guter Weg dazu ist das Energieatmen, wie es beim Yoga gelehrt wird.

1. Das Bauchatmen
Hinlegen. Die Beine ausstrecken. Die Arme neben den Körper, die Handflächen nach oben gerichtet. Durch die Nase atmen. Dabei langsam den Bauch vorwölben, bis 8 zählen. Dann beginnen, den Bauch wieder einzuziehen. Dabei ausatmen und wieder bis 8 zählen. Diese Lektion immer wieder am Tage üben, bis es zum Selbstverständnis wird. Die Bauchatmung ist auch die Voraussetzung für jede Art von Meditation und Autosuggestion. Es ist eine gute Hilfe zu lernen, die Gedanken loszulassen.

2. Das Zwerchfellatmen
Wir versuchen, ohne Bauch und Brustkorb einzubeziehen, den Rippenbereich beim Einatmen zu dehnen. Beim Ausatmen die Dehnung wieder langsam zurücknehmen. Wieder jeweils bis 8 zählen. Mehrmals am Tage wiederholen.

3. Lungenspitzenatmen
Atme ganz tief ein, indem der Brustkorb nach oben hin zum Kinn gedehnt wird und die oberen Lungenspitzen ganz mit Luft gefüllt sind. Dabei richte dich völlig auf. Wachse förmlich. Beim Ausatmen leicht in sich zusammenfallen. Schulterbereich völlig entspannen. Die einzelnen Phasen langsam ausführen, jeweils bis 8 zählen.

Die vollständige Yogaatmung
Die Luft wird langsam in den sich vorwölbenden Bauch geatmet. Die Luft weitet das Zwerchfell und den Brustkorb und wird schließlich weit nach oben in die Lungenspitzen gezogen. Insgesamt 8 Takte.
Das Ausatmen beginnt mit dem vollständigen Einziehen des Bauches. Die Luft gleitet zunächst über das Zwerchfell vollständig aus den Lungenspitzen.
So geleert, verharrt man ganz entspannt (8 Takte), um zu neuem Einatmen über den Bauch anzusetzen.
Nach längerer Übungszeit kann man die Zeit des Verharrens ausdehnen. Das Ziel ist, dabei bis zu 24 Takten zu kommen. Mit Ziel meine ich „Fernziel", dann also, wenn uns die vollständige Yogaatmung mehrmals am Tage zum Selbstverständnis geworden ist. Zunächst allerdings genügen uns 3 Serien, 3 mal am Tag ausgeführt. Langsam diese Anzahl steigern. So oft wie du glaubst, einen kleinen Energieschub vertragen zu können.

Der Atem soll langsam, mit einer Wellenbewegung den Körper durchströmen. Du wirst sehen, welche wundervolle Wirkung diese Übung auf deinen Körper hat. Die Organe werden so durchmassiert und besser durchblutet. Das Blut wird mit Sauerstoff angereichert. Die Verdauungssekretbildung wird optimal angeregt. Die Basenbildung wird stimuliert.
Und – mit Bedacht atmen, macht selbstbewußt.
Probiere es aus und mache künftig so oft du kannst deine Atempausen!!!
Und für die Optik: Die Übungen sind ja nur bei guter Körperhaltung auszuführen. Das Dehnen des Brustkorbs kann auch nur hoch aufgerichtet funktionieren. Also ...!

Und hier ist er, der Knackpunkt für die Eßsucht

Willst du wirklich und für alle Zeit Herr deiner Eßsucht werden, dann bevorzuge für die nächsten Monate yang-wertige Nahrung.
Ich garantiere dir: Schon nach 2 Tagen (!!!) ist sie weg, die Gier, der man so ausgeliefert war.
Schau sie dir nur sorgfältig an, die Liste der Grundnahrungsmittel!
Auf welcher Seite findest du deine Eßneigungen?
Ist es die Yang-Seite, die dich endlos essen läßt, bis du nicht „mehr kannst"?
Oder sind es eher die Yin-Nahrungsmittel, die für dich die Tröster sind bei Ärger und Frust?
Schau also genau hin!
Hier auf dieser kleinen Seite findest du den Schlüssel für dein Problem.
Du wirst mich fragen: „Waaas, so einfach soll das sein?"
Gesundsein, Heilsein, in Harmonie sein ist so einfach.
Wir haben uns auch beim Essen zu stark der Yin-Seite zugewandt.
Deshalb ist unser Appetit, unser Hunger, unser Bedürfnis ins Ungleichgewicht geraten.
Das müssen wir nun *ausgleichen*.
Hier findest du nun genau das Rezept, das dir helfen kann, für immer von deiner Bürde (und das in doppeltem Sinn) befreit zu sein.
Unabhängig von den beeindruckenden Gesundheitserfolgen, die dir ein künftiges Hinneigen zur yang-wertigen Nahrung bringt. Du bist von den ersten Mahlzeiten an befreit von Gier und unkontrolliertem Eßverhalten.

Probiere es aus.
Kontrolliere doch einmal dein gewohntes Eßverhalten.
Du hast Lust, etwas zu essen.
Aber was?
Schon beschäftigt sich deine Phantasie mit dem, was du essen könntest.
Unweigerlich landen deine Gedanken bei der Yin-Nahrung, läßt du deiner Phantasie freien Lauf.
Probiere nun einmal aus, wie es ist, wenn du den Weg deiner Gedanken lenkst.

Du möchtest etwas essen.
Gehe nun die Yang-Liste durch.
Was lacht dich an? Was könnte dir jetzt schmecken?
Male es dir aus. Visualisiere dir, wie das Essen hübsch angerichtet auf dem Tisch steht. Stelle dir den Geschmack vor.
Spürst du, was abläuft?
Dein Körper, deine Gelüste, sie spielen mit!!!
Das Wasser läuft dir im Munde zusammen. Du freust dich auf Yang!
Weshalb das so ist?
Weil wir den Gewohnheiten zwar momentan ausgeliefert sind.
Aber nur, weil wir uns ausgeliefert fühlen.
Tatsächlich können wir bestimmen, was abläuft.
Aber wir müssen es auch tun!
Du siehst: Du bist zwar programmiert durch deine Gewohnheiten, aber du hast die Freiheit, das Programm umzuschreiben.
Wenn du nun weißt, wie die Chose funktioniert, dann bediene dich deiner Erkenntnis.
Du wirst überrascht sein, wie willig deine Reflexe sich umpolen lassen.

Yin und Yang

Leider haben wir in der Vergangenheit den Fehler gemacht, die **Yin- und Yang-Zuordnung** im gleichen Atemzug wie das Säuren-Basen Gleichgewicht zu erläutern. Dadurch kam es unter unseren Mitarbeitern oftmals zu großem Unverständnis. Dies besonders dadurch, daß es für diese Gegenüberstellungen die unterschiedlichsten Tabellen gibt. Diese widersprechen sich oft in ganz wesentlichen Punkten.
Dennoch möchten wir auf dieses wichtige Thema nicht verzichten. Die Yin- und Yang-Zuordnung ist nach unseren Erfahrungen der wichtigste Punkt, um die „Eßsucht" in den Griff zu bekommen. Völlig abgekoppelt vom Säuren-Basen Gleichgewicht, das wir in gesonderten Referaten behandeln, beziehen wir uns jetzt nur auf die in unserem Arbeitsbuch veröffentlichte Liste über die Yin- und Yang-Zuordnung frei nach Ohsawa:

> *Wer sich in der Vergangenheit danach richtete, hat erfahren können, daß tatsächlich die Yin-Seite die eßsuchtfördernden Sequenzen enthält. Die Nahrungsmittel aus dieser Seite veranlassen zum unmäßigen Mehressen und lassen eine spürbare Sättigungsgrenze nicht zu. Wer hingegen sich mehr an der Yang-Seite bei seiner Nahrungszusammenstellung orientierte, wird festgestellt haben, daß die Sättigungsgrenze sehr schnell erreicht war und auch keine größere Gier nach mehr und mehr Nahrung bestand.*
> *Die Yin-Nahrung ist kaliumwertig.*
> *Die Yang-Nahrung ist natriumwertig.*
> **Nicht zu verwechseln mit Natriumchlorid = Kochsalz.**

Wir nehmen Bezug auf die Yin- und Yang-Zuordnung, weil diese fernöstliche Philosophie, die für die Polarität in jedem Lebensbereich plädiert und die Harmonie nur in dem Ausgleich sieht, diese **Selbstverständlichkeit** auch in den Nahrungsbereich gebracht hat.
Vergleichend z.B. mit den Aussagen der bekannten Kräuterfrau Grete Flach aus Büdingen finden wir ganz ähnliche Ansichten. Sie war der Meinung, daß ein Mensch nur gesund sein oder werden kann, wenn er sich an die Früchte, Gemüse und Salate der Region hält. Das nämlich, was der liebe Gott für die Leute hat wachsen lassen, die dort auch leben. Da es in der Natur keine Unlogik gibt, muß man sich doch fragen, weshalb denn die Natur uns Jahreszeiten zugedacht hat. Und weshalb die Natur in den verschiedenen Zeiten des Jahreslaufes die unterschiedlichsten Gemüse-, Salat- und Fruchtsorten hat wachsen lassen. Da liegt schon eine Faustregel:

> **Wenn du dich an die Nahrung hältst, die schon deine Urväter zu sich genommen haben, bist du ausreichend mit yangwertiger Nahrung versorgt.**

Ein weiterer wichtiger Fakt ist, daß wir heute die „Genußmittel" zu unserer täglichen Nahrung erhoben haben. Das, was in früheren Jahren lediglich in winzigen Mengen als Krönung des Mahls zur Verfügung stand, wird bei uns oftmals in riesigen Mengen als Hauptmahlzeit verzehrt. Eine weitere Aufforderung ist also:

> *Limitiere alles, was die Sinne anspricht, wie süß, sahnig, schmelzend, knackig, krachend, knusprig, der große Durstgenuß usw. Alles, wobei du dir vorstellen kannst, daß es in der Werbung ein Thema sein könnte. All das ist yinwertig.*

Es ist wichtig, sich einmal klar zu machen, daß 90% unserer heutigen Nahrung yinwertig zusammengestellt wird. Wir haben uns daran gewöhnt, exotische Fruchtsorten zu bevorzugen, exotische Gemüse zu essen, exotische Salate zu konsumieren. Ja sogar die Süßigkeiten sind exotischen Ursprungs. Das alles wäre nicht so schlimm, wenn wir für den notwendigen Ausgleich sorgen würden. Der würde darin bestehen, daß wir täglich darauf bedacht sind, neben dem Yin-Genuß z.B. yangwertige Gemüsesorten zu verspeisen: Weißkohl, Wirsing, Lauch, Karotten, Rote Beete, Rosenkohl, Blumenkohl, Rettich, Radieschen, Kohlrabi, Endiviensalat, Feldsalat, die Bittersalate usw.

Nur wer an sich selbst einmal festgestellt hat, wie es ihm geht, wenn er diese Notwendigkeiten bei der Nahrungszusammenstellung berücksichtigt, wird künftig diesen Zuordnungen Bedeutung beimessen.

Dabei geht es uns nicht ausschließlich um die Themen Suchtauslöser und zu vieles Essen. Nach der Einstellung der fernöstlichen Ernährungsphilosophie sind alle „modernen Krankheiten" fast ausschließlich Yin-Krankheiten. Dazu gehören alle Stoffwechselkrankheiten, Erkrankungen des Verdauungsapparates und Ablagerungen in den Adern. Wenn unsere Nahrung ausschließlich dem Lustprinzip entspricht, so müssen wir damit rechnen, daß wir invalide Alte werden. Mit der richtigen Ernährung ist tatsächlich der allerwichtigste Schritt gemacht in eine gesunde und vitale Zukunft.

Bei der Gelegenheit soll auch noch einmal Bezug genommen werden auf die so beliebten Nachtschattengewächse. Sie sollten generell limitiert werden. Dies bezieht sich nicht nur auf Tomaten, Gurken, Paprikaschoten, Zucchini, Auberginen, sondern auch auf die so hochgepriesene Kartoffel. All die Nachtschattengewächse, die außer der Kartoffel purinhaltig sind, also auch der Übersäuerung des Körpers und vor allem der Gicht Vorschub leisten, schaden der Gesundheit auf jeden Fall mehr als sie ihr durch die durchaus vorhandenen Vitalstoffe nützen. Wer hat nicht schon nach einer großen Kartoffelmahlzeit bemerkt, daß er sich schlapp und dumpf gefühlt hat? Sicher, er hat es als „entspannt" vermerkt. Tatsächlich aber kam das Gift Solanin zum Tragen, das in allen Nachtschattengewächsen, auch in der Kartoffel, enthalten ist. Dieses Gift wirkt dämpfend und wird in der Medizin zu diesem Zweck eingesetzt. In höheren Dosen kann es sogar tödlich wirken. Nun sollte man sich überlegen, ob gerade in unserer Zeit, in der wir uns so sehr gegen den Vitalitätsverlust wehren, noch ein dämpfendes Mittel zusätzlich durch unsere Nahrung eingesetzt werden sollte.

Aber auch beim Fleischkonsum ist Vorsicht geboten. Fleisch vom Rind und vom Geflügel gelten eher als Yang, Schweinefleisch ist ganz yinwertig. Jeder wird bestätigen, daß gerade gut zubereitetes Schweinefleisch besonders lecker schmeckt und zum Mehressen veranlaßt (Grillparties). Aber kann man Fleisch überhaupt noch empfehlen? (Rinderseuche, Hormonskandal, tierunwürdige Masthaltung usw.) Das Fleisch ist tatsächlich sehr in Verruf geraten. Dies besonders auch, da es im Körper stark säurebildend wirkt und nicht schlackenfrei verbrennt. D.h. Fleisch, aber auch Fett sorgen hauptsächlich für die erhöhten Cholesterine und Ablagerungen in den Arterien.

Nach Ohsawa ist auch bei den Milchprodukten Zurückhaltung geboten. Viele Rheumatiker wissen nicht, daß oftmals der beliebte Quark und der vielgepriesene Joghurt für die Schmerzschübe sorgen.

All diese Dinge sollten in Maßen konsumiert werden. Beachtet man also sorgfältig, daß die Yin-Liste bei der Nahrungszusammenstellung nicht die Oberhand behält, sondern die Yang-Liste einen bevorzugten Stellenwert erhält, braucht man im Prinzip auf die Liste der säuren- oder basenbildenden Nahrung gar nicht mehr zu achten. Automatisch bevorzugt man dann genau die Nahrungsmittel, die für die Basenbildung im Körper so wichtig und erwünscht sind.

Jeder Mensch, der diese Ernährungsnotwendigkeiten erkannt und auch praktiziert hat, sagt nach wenigen Wochen, daß es ihm hundertprozentig besser geht als vorher. Der so ernährte Mensch kann kleine „Sündenfälle" durchaus wegstecken. Ob dies sich nun auf ein durchschlemmtes Wochenende oder einen gelegentlichen Sündentag bezieht. Wichtig ist nur, daß danach wieder dafür gesorgt wird, daß genügend Obst, Gemüse und Salat aus der Yang-Liste den Vorzug erhalten.

Zusammenfassend kann man das körperliche Wohlfühlen auf eine ganz kurze Formel bringen:

Viel Obst, Gemüse und Salat (wenn möglich aus der Region), wenig konzentriertes Eiweiß, wenig konzentrierte Kohlenhydrate. Auf jeden Fall den Fettkonsum auf täglich 60 bis max. 80 g reduzieren.

Klingt einfach, oder? Ist auch ganz einfach zu praktizieren; du wirst es an dir selbst erleben.

Yang-Liste

Yangwertige Lebensmittel

mit * bis *** gekennzeichnet = besonders yangwertig

Gemüse/Salat	Früchte	Fleisch
Blumenkohl	Äpfel, einheim. *	Geflügel
Broccoli	Aprikosen *	Rind
Chicorée	Beeren alle	Wild
Endivie	Kirschen *	
Feldsalat	Pflaumen *	
Fenchel	Pfirsiche	

		Fisch
grüne Bohnen		Hecht
Grünkohl	Fette	Hering *
Ingwerwurzel *	Pflanzenöle	Kaviar/Rogen *
Karotte *		Kleinfische *
Knoblauch		Krabben
Kohlrabi	Getränke	Lachs
Kohlrübe	Getreidekaffee	Makrele
Lauch	Grüner Tee	Thunfisch
Löwenzahn	Kräutertee	
Radicchio		
Radieschen		
Rettich	veg. Eiweiß	Milchprodukte
Rotkohl	Azukibohnen *	Ziegenkäse *
Schwarzwurzel *	Kichererbsenmehl *	Roquefort *
Sellerie	Kürbiskerne	Camembert *
Spinat	Sesam	Schweizer Käse *
Topinambur	Soja / Tofu *	Quark
Weißkohl	Sonnenblumenkerne	Buttermilch
Zwiebel		

Yinwertige Lebensmittel

mit * bis *** gekennzeichnet = besonders yinwertig

Gemüse/Salat
Artischocke
Aubergine *
grüne Erbsen
Gurke *
Kartoffeln *
Kopf-/Eisbergsalat
Mais
Spargel *
Tomate

Früchte
Ananas
Banane *
Birne *
Datteln *
frische Feigen
Melone
Orange *
Pampelmuse
Papaya *
Weintrauben *
Zitrone *

Süßmittel
Honig ***
Sirup ***
Zucker ***

Getränke
Bier *
Bohnenkaffee
Saft *
Tee
Wasser
Wein/Sekt *

veg. Fette
gehärtete Fette

veg. Eiweiß
Haselnüsse *
Kokosnüsse *
Leinsamen
Paranüsse *
Pinienkerne *
Walnüsse *

Fleisch
Schweinefleisch ***

Tierfette
Margarine gehärtet
Rindertalg *
Sahne
Sauerrahmbutter *
Süßrahmbutter
Schweineschmalz *
Speck *

Fisch
Aal *
Austern *
Tintenfisch *

Milchprodukte
Joghurt
Kefir
Milch
saure Milch
saure Sahne *

Anmerkung:
Frischmilchprodukte sind wertvolle Träger von Milchsäurebakterien, deshalb bedingt empfehlenswert

Was hat das Wiedererfahren der Sättigungsgrenze mit der Fußreflexmassage zu tun?

Es ist sonnenklar. Der eßsüchtige Mensch kennt es nicht oder kennt es nicht mehr, das Sattsein nach einer ausreichenden Mahlzeit.
Wir sind an verschiedener Stelle auf die Ursachen hierfür eingegangen und waren uns einig darüber, daß sie zumeist im psychischen Bereich zu suchen sind.
Seelische Probleme führen eben auch sehr oft zu körperlichen Störungen.
Was ist nun aber Ursache, was Wirkung?
Tatsächlich haben wir hier den „klassischen Teufelskreis". Eins resultiert aus dem andern.
Alles ist Ursache und Wirkung zugleich.

Wo also anfangen, wo unterbrechen?
Eigentlich ist es völlig egal, an welchem Punkt man beginnt. Oder ob man gar verschiedene Schwachstellen gleichzeitig angeht.
Fest steht jedenfalls, daß unser Körper ein maßgeblicher Faktor bei unserem Thema ist, Verursacher und Leidtragender zugleich. Ich weiß, vom Gesamtgeschehen kann man diesen Körper als schwächstes Glied nicht einfach abkoppeln. Aber beginnen können wir mit ihm.
Gehen wir doch einmal von der kühnen Behauptung aus: *Ein Körper, der sich rundum wohl fühlt, der mit allen Fasern sein Da-Sein genießen kann, reagiert auch normal. Er signalisiert mit Sicherheit das Sattsein aktuell.*
Daß man diese Reaktion nur von einem gesunden Körper erwarten kann, versteht sich von selbst.
In diesem Zusammenhang will ich von einer einzigartigen Methode berichten, die hilft, die Selbstheilungskräfte des Körpers anzuregen. Sie hat zweierlei Wirkung für unser gemeinsames Anliegen!

1. Optimale Stimulans für das gesamte Drüsen- und Organgeschehen.
2. Alternative zur Handlungssucht, die wir zu kompensieren versuchen, indem wir ewig etwas in den Mund stopfen.

Ich spreche von der Fußreflexzonenmassage. Sie ist die ideale Ergänzung zu unserem Programm.
Jeder kann sie ausführen. Eine bessere Möglichkeit zur Selbstbehandlung kenne ich nicht.
Die Reflexpunkte werden mit kreisendem Druck der Daumen- oder Fingerspitzen ausgeführt.
Jedes Organ, jede Zone am Körper findet seine Entsprechung an den Füßen.
Dies wirst du schmerzhaft erfahren, wenn du nach unserer Tafel deine eigenen Zonen suchst.
Gehe zunächst behutsam (!), später mit kräftigerem Druck vor. Schnell wirst du erfahren, wie gut dir eine tägliche Massage tut. Ich habe das unzählige Male bei Kurgästen beobachten können.
Beispiele:
Kopfschmerzen und Hexenschuß verschwanden oft schon während der ersten Behandlung. Abschwellen von Gelenken und Gliedern direkt beim Behandeln der Lymphzonen. Regulieren des Blutdruckes nach wenigen Tagen. Beruhigen des Herzens. Günstige Beeinflussung der Unterleibsorgane. Ja sogar Nieren- und Gallensteine lassen sich oft günstig beeinflussen.
Schlaflosigkeit, Asthma mitsamt Allergien und Heuschnupfen sind ein dankbares Feld für die Reflexologie.
Für uns und unser momentanes Ziel bieten sich besonders die *Nieren mit Harnleiter, Blase und Nebennierendrüsen* als Entgiftungsorgane zur Massage an.
Auch die *Schilddrüse und die Nebenschilddrüse* aktivieren wir durch Massage mehrmals täglich, damit der Stoffwechsel ausreichend funktioniert.
Die Aktivität dieser beiden Bereiche ist die Voraussetzung für das zügige Schmelzen deiner Pfunde.
Wie oft habe ich erlebt, daß es zu unnötigen Verzögerungen bei der Gewichtsabnahme kam.
Manche Menschen nehmen eben schlecht ab...!
Aber warum?
Die Nieren- und Schilddrüsentätigkeit ist oftmals gestört und kann nicht Schritt halten mit den Erwartungen, die wir an unseren Körper stellen.
Um die *normale* Funktionsfähigkeit wiederherzustellen, müssen wir die Organe entsprechend stimulieren.

Die Nieren
Durch die Trennkost werden die Nieren ohnehin aktiviert. Zusammen mit der Reflexzonenmassage bieten wir den Nieren eine komplette Verjüngungskur an. Gleichzeitig massieren wir die Zone für Nebennierendrüse. Diese ist für das Ausschütten des Adrenalin zuständig. Unsere Aktivität wird dadurch zusätzlich gefördert, die Anfälligkeit für Allergien läßt nach.
Es sollte dich nicht erschrecken, wenn in den ersten Tagen oder sogar Wochen nach Beginn der Massagen verstärkte Schweißabsonderung auftritt, die noch dazu übel riecht. Auch dein Urin kann sich verfärben und penetrant „duften". Beide Erscheinungen sind wünschenswerte Reaktionen und ein Zeichen dafür, daß der Körper beginnt, sich zu entgiften. Auch sollten dich anfängliche Hautunreinheiten nicht zur vorzeitigen Aufgabe deiner Bemühungen veranlassen. Ein klares Hautbild wird die Belohnung für dein Durchhalten sein.

Die Schilddrüse
ist, ebenso wie die Nebenschilddrüse, für unseren Stoffwechsel zuständig. Sie kann, wenn der Körper „Diät" macht, auf „Notsignal" schalten, um dem drohenden Verhungern (ihrer Meinung nach) entgegenzuwirken. Dafür wird die Produktion des Schilddrüsenhormons vorübergehend gedrosselt, der Stoffwechsel verlangsamt.
Durch das Stimulieren der entsprechenden Punkte wird die Produktion wieder angeregt, der Stoffwechsel erfährt die erwünschte Beschleunigung.

Der Magen
Es lohnt sich, die Magenzone zu massieren, damit die Sättigungsreaktion wieder aktiviert wird. Außerdem ist der gesunde Magen eine wichtige Voraussetzung für das Wohlbefinden.

Die Bauchspeicheldrüse
Äußerst günstig kann diese wichtige Drüse beeinflußt werden. Sie, die bei unserer Ernährung und Lebensweise so überstrapaziert wird, kann sich durch Trennkost und Massage wieder gut regenerieren. Es ist erschreckend, daß gerade die Bauchspeicheldrüse, wie auch die Nieren, bei fast jedem Bürger Westeuropas mehr oder weniger bedrohlich geschädigt ist; daher scheint es sinnvoll, etwas zu unternehmen, bevor es zu spät ist.

Aber auch ohne den Sinn für die notwendige Prophylaxe ist zum Erreichen unseres Nah-Ziels, der Gewichtsreduktion, das zügige Arbeiten an diesem Organ erforderlich.

Und nun zum zweiten wichtigen Punkt: *die Handlungssucht.*
Ist es nicht zumeist der Abendhunger, der uns zum Verhängnis wird? Steht vielleicht die Sucht, immerzu etwas essen zu müssen, auch im Zusammenhang damit, die Hände pausenlos zu betätigen, indem sie uns etwas in den Mund stopfen?
Und hier ist sie, die zusätzliche List. Biete deinem Körper ein „Statt dessen".
Wiederum möchte ich betonen, daß Verbote, Schranken, Feindbilder nur das Gegenteil des erwünschten Ergebnisses bewirken. Du beschäftigst dich erst recht mit dem Gefahren-Terrain. Deine Phantasie beginnt zu kreisen um die verbotenen Genüsse oder die untersagten Handlungen. Biete dir eine Alternative. Damit gibt sich der Körper durchaus zufrieden.
So gönne dir ein lustvolles Beschäftigen mit den eigenen Füßen. Es nimmt dich für 2 Stunden voll in Anspruch.
Gut, deine Hände tun dir anfänglich weh wegen der ungewohnten Anstrengung. Aber schon nach wenigen Tagen sind deine Hände und deine Gelenke gekräftigt, die Griffe sitzen wie selbstverständlich.
Es ist eine ganz ich-bezogene Handlung, die du da ausübst. Du wirst es äußerst spannend finden, deinen Körper über die Füße zu erforschen, deine schmerzenden Schwachpunkte aufzuspüren. Du wirst erleben, wie sie reagieren. Du wirst den Erfolg für dich verbuchen können, wenn die Schmerzpunkte bereits nach wenigen Massagen aufhören, weh zu tun.
Du wirst triumphierend zur Kenntnis nehmen, daß du dich von Tag zu Tag wohler fühlst. Daß Beschwerden, die du längst dem Alltag zugeordnet hattest, urplötzlich verschwunden sind, und deine Füße heben sich wieder wie eine Feder.
Und das Schöne ist, du hast das alles selbst gemacht.
Ohne schlechtes Gewissen wegen dieses Ego-Trips freust du dich schon auf die Abendstunden mit dir. Gut sein zu dir, dich verwöhnen, das steht nun auf dem Programm.
Vergleiche solche Wohlfühl-Massagen einmal mit dem Verhalten deiner Katze. Sie putzt und pflegt sich selbstvergessen. Das gehört für sie ganz selbstverständlich zum Sinn ihres Lebens.

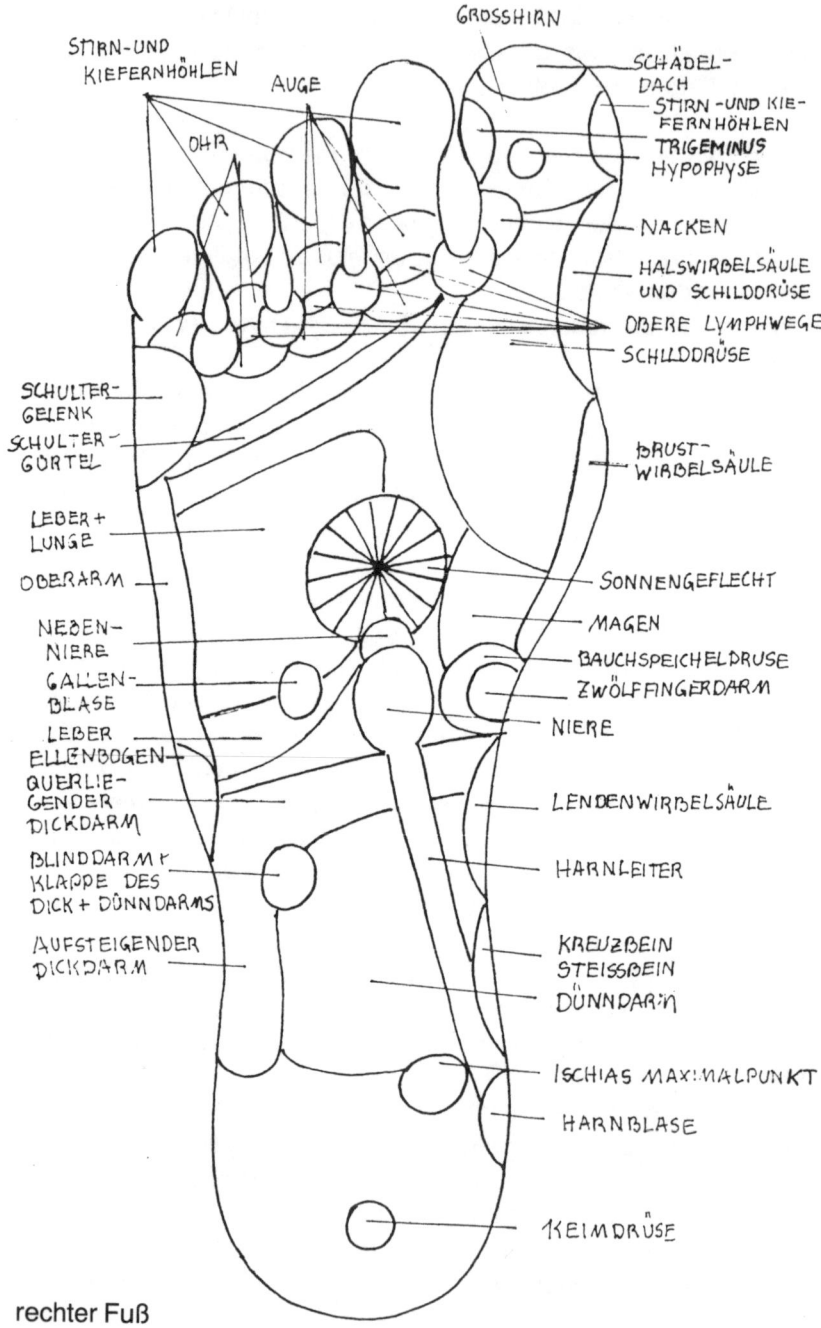

rechter Fuß

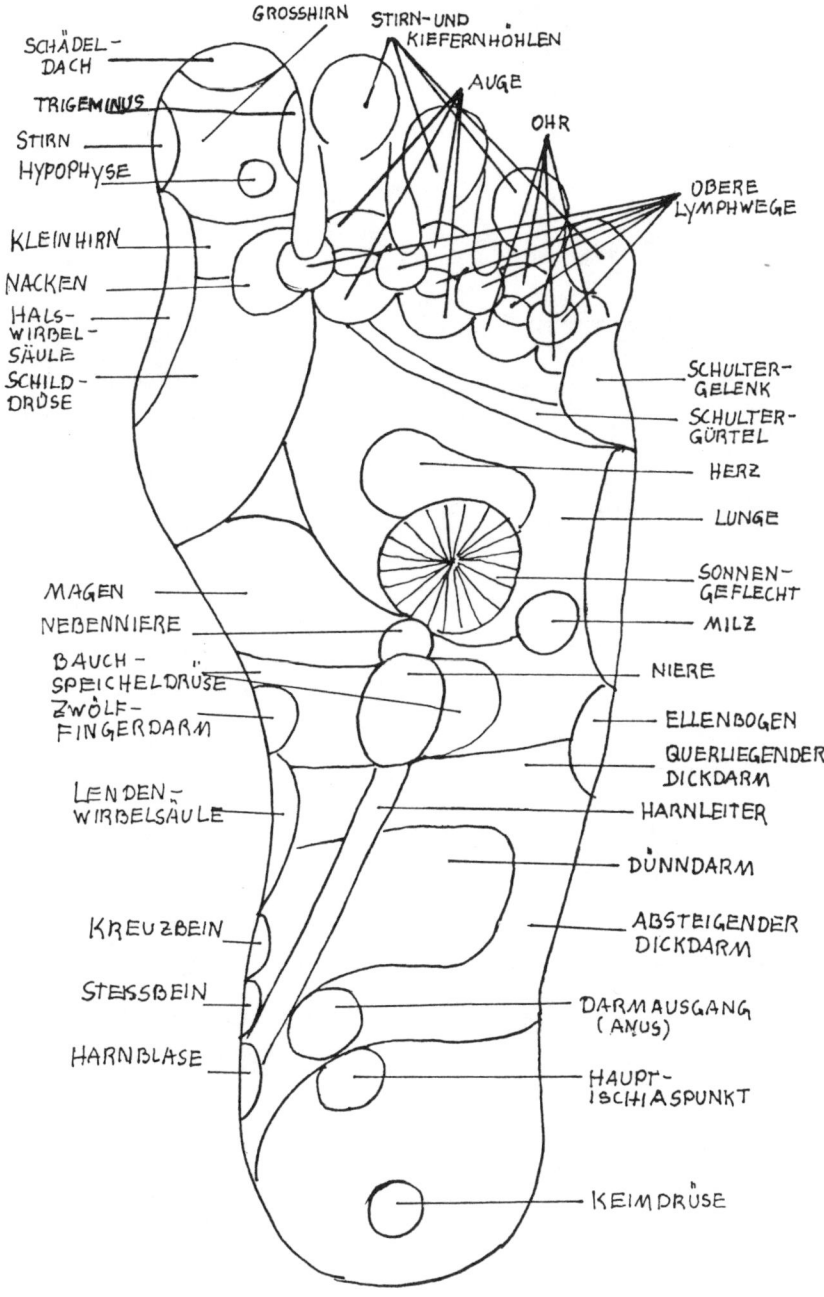

linker Fuß

Erfahrungsskizze des Studio Bioline in Bad Salzhausen

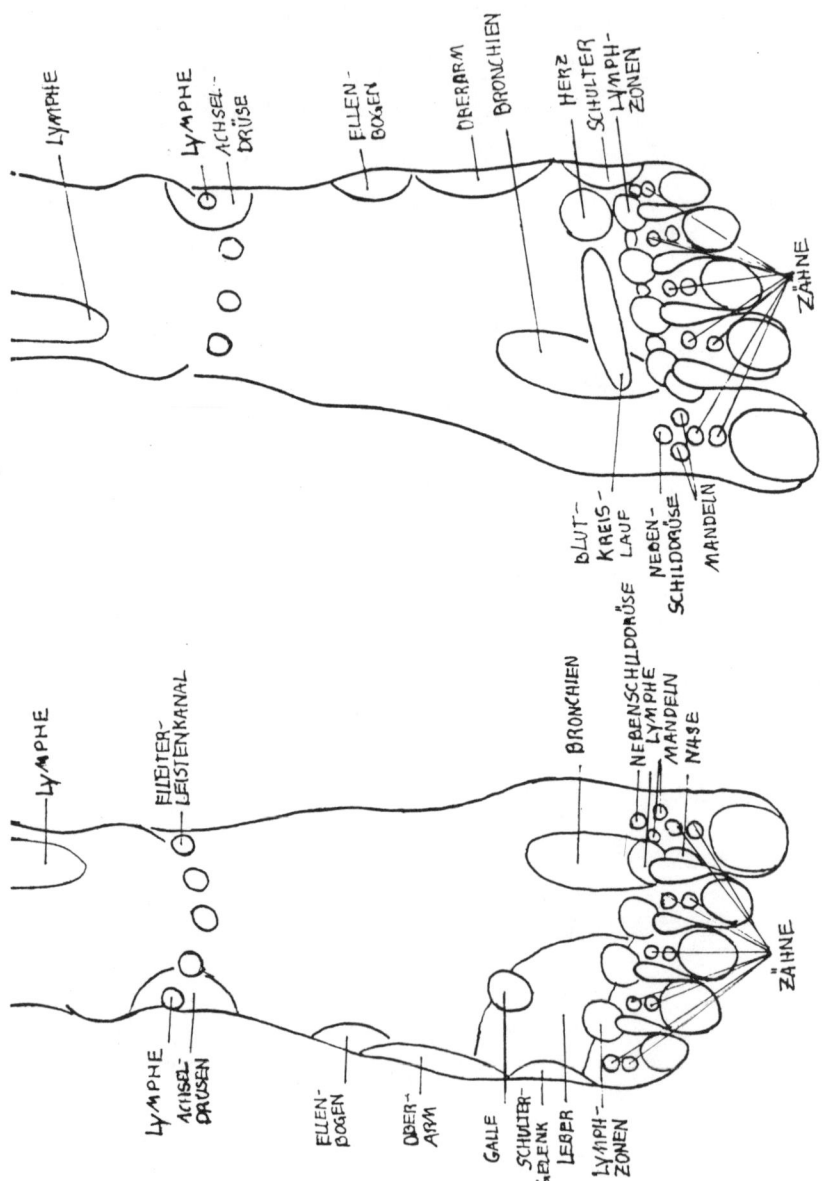

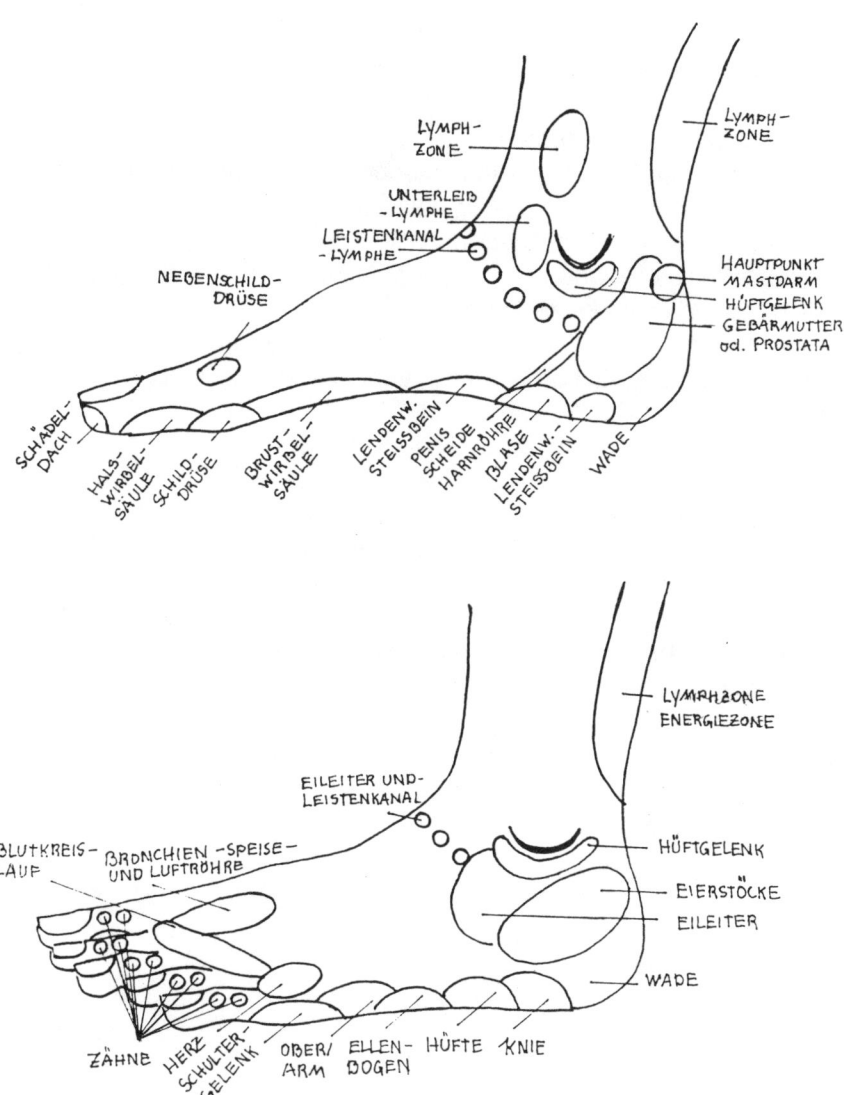

Was das mit dem Sattsein zu tun hat?
Du wirst schon sehen!
Wer sich so intensiv mit sich selbst beschäftigt, muß sich nicht mit Essen trösten.
Dieses Wohlgefühl, diese Zufriedenheit – du wirst das lustvoll zur Kenntnis nehmen. Das füllt dich ganz aus.
Es dürfte ohnehin an der Zeit sein, unseren Lebensablauf, unsere Bedürfnisse neu zu überdenken.
Dazu gehört ein neues Gesundheitsbewußtsein, ein intensives Körpergefühl. Dazu paßt einzigartig die Fußreflexzonenmassage – anstelle Barfußlaufen über Stock und Stein, wie die Natur es für uns vorgesehen hatte. Dadurch wäre ja die Zirkulation, die Stimulans der Nervenenden bestens gewährleistet.
Nicht eine spinnerte These, sondern eine als notwendig erkannte Alternative bietet sich an in der Reflexologie, die nun langsam auch Eingang findet in die Schulmedizin.
Ich bitte dich jedoch um etwas Geduld. Was sich in Jahren negativ entwickeln konnte, kann nicht innerhalb einiger Behandlungen abgebaut werden.
Auch solltest du dich bei Überreaktionen deines Körpers, wie Schüttelfrost, Herzklopfen, Schweiß, nicht erschrecken; eher ist dies ein wünschenswertes Zeichen dafür, daß die Dinge wieder in Gang kommen. Eine Stimulans der Schilddrüse und der Herzregion muß anfänglich zart begonnen werden.

YOGA

Jeder kann es. Falsch machen kann man fast nichts dabei. Nimm dir täglich 10 Minuten Zeit, ja, du liest richtig. Nur 10 Minuten sind erforderlich. Fange einfach an.
Yoga hält dich fit und elastisch bis ins hohe Alter. Du hast es nicht nötig, hinfällig und gebrechlich zu werden.
Was sind schon 10 Minuten?
Hast du mal keine Lust, dann mache dir klar, daß man für alles, einfach alles im Leben eine Leistung erbringen muß. Nichts wird dir geschenkt.
Kämpfe also!
Was würdest du denn gern statt dessen machen? Du wirst sehen, auf diese einfache kleine Frage findest du keine befriedigende Antwort. Würdest du dich vielleicht lieber ausruhen? Vielleicht, weil der Arbeitstag dich so geschafft hat? Na, dann probiere es erst recht mit dem Yoga.
Danach bist du top-fit!
Vielleicht sind es gerade diese 10 Minuten am frühen Abend, die darüber entscheiden, ob du schlagskaputt und todmüde vor dem Fernseher einnickst oder ob du frisch wie eine Blume und voller Tatendrang den Feierabend so richtig genießen kannst.
Überzeuge ich dich, wenn ich dir verspreche, daß die Übungen eine gute Massage für alle Organe sind, die durch unsere Lebensweise sowieso benachteiligt sind?
Oder beeindruckt es dich, daß der im Alter drohenden Osteoporose (Brüchigkeit der Knochen) bestens vorgebeugt werden kann? Ja, daß sogar vielleicht eine Knochenverdichtung wieder stattfinden kann?
Ich weiß, Sport an sich strengt an. Yoga aber erfrischt. Sofort.
Denke auch daran: Alle Handlungen, die der Körper aktiv betreibt, führen dich einige Schritte weiter weg von Sucht und Eßlust!
Was ist denn unser Ziel?
Aktiv sein, fröhlich sein, den Körper wieder fest in den Griff bekommen, das ist doch unser gemeinsames Bemühen.
Sitzt du träge auf deinen vier Buchstaben und kannst dich nicht aufraffen, dann ruf dir selber zu:

KÄMPF!!!

Redest du dir ein, „heute nicht, heute bin ich zu müde", ruf dir zu:

KÄMPF!!!

Bist du resigniert, schlecht gelaunt, voller Depression, sage dir eindringlich:

KÄMPF!!!

Kämpfen im positiven Sinn ist gemeint. Im Sinne von Aktivieren. Nimm die Herausforderung an. Deine Pfunde werden sich dabei bestens sortieren. Dein Gewebe strafft sich, die Muskeln werden fest, die Haut besser durchblutet. Elastischer Gang und strahlender Blick gehören zum Ergebnis.

Und das Beste ist:

Nach 3–4 Wochen mußt du dich nicht mehr zu solchen Aktivitäten „überreden". Du machst die Übungen mit Freude. Dein Körper fordert sich die nun gewohnte Bewegung geradezu ein.

Aber du weißt ja. Beginnen mußt du erst einmal.

Auch ein Weg von tausend Meilen beginnt mit dem ersten Schritt...

10 Minuten Yoga-Übungen

Hier sind die begleitenden Yogaübungen für die Zeit der Gewichtsreduktion (und danach!?). Jede Übung wird nur *einmal* ausgeführt. Das Geheimnis des Erfolges liegt in der Anspannung (bis zehn zählen) und der totalen Entspannung. Bewegung gehört zu den Garanten für Jugendlichkeit der Gelenke, für einen besseren Stoffwechsel, für angeregte Drüsentätigkeit und Elastizität insgesamt. Beginne einfach, nach kurzer Zeit wirst du alle Übungen spielend beherrschen.

Meine persönliche Bilanz – Konzept – Ergebnis

Ich kenne sie nur zu gut, die halbherzigen Versuche, den überzähligen Pfunden beizukommen.
Obwohl ich seit Jahren mehr über Ernährung weiß als die meisten Leute, die ich kenne, gelang es mir über mehrere Jahre nicht, mich zu beherrschen und Disziplin zu wahren.
Alle seelischen Erschütterungen nahm ich zum Anlaß, unkontrolliert und gierig mich in wahre Kuchenberge zu wühlen.
Ich – die ich genau den Mechanismus kenne, war genauso hilflos den Versuchungen erlegen wie die Hilfesuchenden, die in meine Seminare kommen oder zu uns ins Kurhaus, um meine Rückendeckung und Motivation bei ihrem Problem in Anspruch zu nehmen.
Oft wurde ich darauf angesprochen, warum denn ich nicht Vorbild sei für meine eigene Diät.
Also zugegeben, manchmal war es schon peinlich, wenn ich als füllige Person über Schlankheit referierte – gegen die zweifelnden Mienen an. Da half zu meiner Glaubwürdigkeit nur absolute Offenheit und schonungslose Ehrlichkeit.
Ich bin eßsüchtig!
Daran ändert auch das Wissen um die Eßbelange gar nichts.
Ich lebe selbst schon seit etwa 15 Jahren nach der Trennkost.
Könnte ich mich nicht in diesen Rahmen hineinretten, würde ich hoffnungslos überlappen, das weiß ich längst.
Nur die Wunder, die kann eben auch kein Eßprogramm für mich vollbringen. *Die sind schon von mir selbst zu erledigen.*
Ich selbst war wohl noch nicht so weit, um den eingeschlagenen Weg der Vernunft mit allen notwendigen Konsequenzen zu Ende gehen zu können. Dafür wäre die Trennkost auch nur *ein* Punkt, wenn auch der wesentlichste.
Verführt war ich durch viele schlanke Jahre, die ich mit Hilfe der Trennkost relativ leicht erreicht hatte. Ich dachte einfach, es ginge problemlos immer so weiter.
Bis, ja bis in meinem Leben sich die Ereignisse überschlugen. Es begann damit, daß ich mich dazu entschloß, mich künftig vegetarisch zu ernähren.
Sehr gut soweit. Aber wie geht das nun? Keine Ahnung, was man nun „statt dessen" ißt.

Denn die Mahlzeiten mit Fleisch und Fisch fielen ja nun weg. Statt dessen nur Salat und Gemüse? Da fehlt doch irgendwie der Biß. Also Ausweichen auf Kartoffeln und Brot.
Unversehens aß ich fast nur noch konzentrierte Kohlenhydrate. Möglichst auch noch von der denaturierten Sorte.
Aber mir konnte doch nichts passieren!
Hatte ich doch über mehrere Jahre meine schlanke Linie hinweggerettet.
Die Trennkost machts möglich. Das *dachte* ich aber nur.
Klammheimlich, wirklich fast unbemerkt, nahm ich Pfund für Pfund wieder zu. Tierisch im Streß, hielt ich die zunehmende Verformung meines body zunächst für eine vorübergehende Angelegenheit, wie einen durchlaufenden Posten etwa.
Na ja, eine Kleidergröße mehr entstellt ja auch nicht wesentlich. . .
Nur, es kam dann knüppeldick. Viele geschäftliche Probleme, großer familiärer Kummer, Sorgen ohne Ende. Es kam einfach alles zusammen. Sozusagen ganz dicke. Im wahrsten Sinne des Wortes. Weit und breit keine Schulter zum Anlehnen. Dafür Vanilleeis satt.
Erinnerst du dich?
Süß, sahnig, schmelzend. Ein Trost. Erst mal.
Was wußte ich damals von Yin und Yang!
Eben von dem *Fluch der denaturierten Kohlenhydrate, die nicht nur der Gesundheit auf Dauer so sehr schaden, sondern die wahren Dickmacher und Suchtauslöser sind.*
In meiner Not habe ich mich dann durch sämtliche Literatur gequält, deren ich über dieses Thema habhaft werden konnte. Denn daß dies alles nicht so weitergehen konnte, habe ich sehr wohl gewußt. Nur wie die Sache angehen, das war mir zunächst noch völlig schleierhaft.
Eins hatte ich jedenfalls nun begriffen: Auch mit der Trennkost kann man durchaus zunehmen.
Zugeben muß ich allerdings, die Maßgaben des von mir verehrten Dr. Walb hatte ich weitgehend in den Wind geschlagen. Wo blieben ausreichend Gemüse, Salat und überhaupt Rohes bei meiner Nahrungszusammenstellung? Das Thema Vollwertigkeit bei meinem Essen fand erst recht keine Beachtung.
Alle diese Lebensmittel schienen mir auch wenig Trost zu bieten bei meiner Seelenlage.
Schließlich war ich bemüht, jetzt und gleich etwas für mein angeschlagenes Gemüt zu tun.

Hellschwarz und dunkelschwarz, so schien mir in dieser Zeit das Dasein. Wie ein tiefes und dunkles Loch.
Vernunft und Einsicht hatten da in meinem Denken keinen Platz.
Die Aussichtslosigkeit meiner immer wieder neuen Anläufe schien mir vorprogrammiert.
Heute – im Rückblick weiß ich natürlich, daß auch meine damalige Situation absolut nicht aussichtslos war.
Mir – nur mir, von meiner subjektiven Warte aus, schien es so. Da hatte auch wohl noch die Hormonumstellung der Wechseljahre ihre Finger mit im Spiel.
Gottlob begegnete mir just zu dieser Zeit ein interessanter Mensch, der sich viele für mich nachvollziehbare Gedanken über die Dinge des Lebens machte. Und wie das so ist mit der Affinität, urplötzlich schien es um mich herum von Menschen zu wimmeln, die sich mit all den Dingen beschäftigten, die mich so bewegten.
Es schienen mir nun alle Schleusen geöffnet. Bücher wurden mir geschenkt. Erlebnisse verwunderten mich. Ich begann mich intensiv mit der Esoterik zu beschäftigen. Fernöstliche Philosophien, Yoga, Meditation waren nun Themen, die mir halfen, vieles in einem anderen Licht zu sehen.
Es war, als hätte jemand in meinem Kopf ein Licht angeknipst.
Ich begriff zum ersten Mal den Zusammenhang von Körper und Seele, auch in bezug auf Sucht und in meinem Fall auf Eßsucht. Ich weiß nun, daß symptomatische Behandlung einer Krankheit allein nicht zu einem dauerhaften Ergebnis führen kann.
Es ist wohl wirklich so, die Dinge nehmen ihren Anfang im Kopf. Dort beginnt, was wir so richtig den „Teufelskreis" nennen: Wir denken negativ, bitter, enttäuscht. Leiden ist die Folge. Daran klammert man sich fest. Man denkt krank. Schon ist der Tatbestand des Visualisierens erfüllt. Der Körper richtet sich weiter nach den Gedanken, der Mensch wird immer leidender. Auf die Körperfülle bezogen sieht das dann so aus: Ich habe ein psychisches Problem. Jedenfalls scheint mir das von meiner subjektiven Lage aus gesehen so.
Ich esse. In der (unbewußten) Annahme, gutes Essen böte mir den verdienten Ausgleich für all das, was ich aushalten muß.
Das Essen wird sozusagen zur Verzweiflungstat.
Ich stopfe unmäßig in mich hinein.
Der Grund für diese Trostaktion ist natürlich damit nicht erledigt. Zu dem Frust, den ich sowieso schon habe, kommt nun das schlechte

Gewissen über dieses Ausufern, das mir ganz locker zu weiteren Pfündchen verhilft.
Folge – noch mehr Frust.
Also wieder neue Gründe, um noch mehr zu essen.
Da will ich mir dann selbst helfen mit eiserner Disziplin. Schluß jetzt. Ab morgen ist alles anders. Morgen fange ich ernsthaft an zu fasten. Morgen, morgen, morgen. –
Zunächst beginnt der Tag ja auch vielversprechend. Bis mittags halte ich die guten Vorsätze auf jeden Fall.
Aber dann!!!
Es ist, als ob kleine Männchen auf mich angesetzt sind. Sind es tatsächlich Stimmen, die mir zuflüstern: „Ein bißchen was Süßes kann doch gar nicht schaden. Es geht dir dann gleich besser. 300 Kalorien nur. Ein kleines Stückchen Kuchen nur?"
Und – er setzt wieder ein, der bekannte Mechanismus. Ich falle immer wieder neu darauf herein.
Ich erliege wieder der Sucht. Wieder einmal. Zum tausendsten Mal.
Ich schlage wieder unmäßig zu, die Sättigungsgrenze ist nicht mehr vorhanden. Einfach weg. So, als würde man sie mit Gewalt „überessen".
Ich will doch aber heraus aus dem Teufelskreis.
Körperlich und seelisch habe ich doch wahrlich genug gelitten.
Wie aber kann ich meine Kenntnisse über Physis und Psyche jetzt für mich einsetzen?

Ich setze mich also hin zu einer grundehrlichen Bilanz:

1. Welches sind die Probleme?
2. Was ist das Ziel?
3. Welche Wege kann ich gehen?

Zu Punkt 1
Es ist einfach hirnrissig, einer dicken Person zu sagen, sie solle sich so annehmen, wie sie ist, womöglich sich noch lieben.
Wie kann man sich denn lieben, wenn einem aus dem Spiegel ein Gesicht anblickt, das man gar nicht kennt.
Wer weiß schon, was in einem vorgeht, wenn anstatt der ehemals auffallend attraktiven Person nun ein pausbäckiges, unförmiges Pummelchen in der Landschaft steht.
Wer kann schon nachvollziehen, welche Gefühle es auslöst, wenn

sich statt der straffen Schenkel jetzt Wellfleisch in die (viel zu engen) Hosenbeine zwängt.
Kennst du die Enttäuschung, wenn du mit modischen Fummeln über dem Arm in die Umkleidekabinen der Modehäuser schleichst und nichts, aber auch gar nichts paßt?
Entweder du kaufst dir eine madamige Bluse, in der du zehn Jahre älter aussiehst, oder du ziehst ohne Kauf resigniert mit rabenschwarzen Gedanken im Kopf wieder ab.
Um Boutiquen machst du eh schon lange einen großen Bogen.
Wenn man sich wenigstens noch wohl fühlen würde in seiner Haut. Aber da sind ja jede Menge Begleiterscheinungen der fetten Zeiten. Gelenkschmerzen, Rückenweh, Fußschmerzen, dicke Beine, Schwitzwarzen unter der Brust, unreine Haut, Schuppen auf dem Kopf. Völlegefühl, Blähungen, Verdauungsbeschwerden, Übelkeit. Die Reihe ließe sich fortsetzen.
Es ist schon schlimm, wenn man das alles selbst aufschreiben muß und dann schwarz auf weiß vor sich sieht. Da hilft dann kein Mogeln mehr.
Warum tut man sich so etwas an?
Ich habe doch noch genau im Ohr, was meine Großmutter immer sagte:
„Man ist, was man ißt."
Wie wahr das ist, kann ich heute erst richtig beurteilen. Erst jetzt, da man sich bereits krank gegessen hat, versteht man die Weisheit der Altvordern.
Begriffen habe ich, was falsch war und was ich erreichen will. Eigentlich alles.
Es liegt nun nur noch an mir, die Dinge zu ändern, sie ernsthaft in Angriff zu nehmen.
Da nützt kein Geplänkel. Radikal muß die Umkehr erfolgen. Jetzt sofort. Nicht erst Montag oder nächste Woche, oder wenn mir gerade danach ist.
Ich will schließlich leben! Und, ich will mich des Lebens freuen können und mir nicht selbst im Wege sein mit meinen Hemmungen und Komplexen und den unästhetischen Speckrollen.

Zu Punkt 2

Mein Ziel ist, wieder zu normalem Eßverhalten zu kommen. Ich will mich nicht ewig schuldig fühlen müssen, wenn ich mit Appetit meine Mahlzeiten einnehme.

Ich möchte nicht mehr aufgebläht durch die Gegend laufen. Und ich will wieder ganz gesund und beschwerdefrei leben können. Jeder Schritt soll nicht mehr schwerfällig und schmerzhaft sein. Leichtfüßig will ich durch das Leben schreiten.
Mode soll wieder kreative Freude und sinnliches Vergnügen sein und nie mehr Auslöser von schlechtem Gewissen und Schuldgefühlen. Wofür man sich dann auch wieder straft, indem man in Sack und Asche geht.
Das ist übrigens auffällig. Fast jeder Eßsüchtige, den ich kenne, kleidet sich möglichst unauffällig grau in grau. Bloß nicht auffallen mit der dicken Figur. Dabei könnte man sich doch auch mit Samt und Seide „trösten".
Kurzum – es langt.
Ich will mich wieder mit den wesentlichen Dingen des Lebens befassen können. Möchte diesen absurden Zentralpunkt meines Denkens endlich loslassen können.
Zunehmen – abnehmen, das ist nun wahrlich kein so interessantes, lebenfüllendes Thema, daß man es zum Dreh- und Angelpunkt seines Daseins machen sollte.
Ich jedenfalls möchte wieder unbelastet sein. Mich wieder richtig wohl fühlen. Und raus aus der (zugegebenermaßen selbstgewählten) Isolation. Denn wie oft war ich bei schönen Festen, spannenden Treffs nicht dabei, weil ich mich nicht gut gefühlt habe in meiner Haut. Und wenn ich mich schon mal aufraffte, so blieb mir eigentlich nur die Rolle des neutralen Zuschauers. Nicht etwa deshalb, weil mich die andern in die Rolle der Randerscheinung verwiesen hätten, sondern weil ich mich freiwillig ins Abseits begab. Ich sah mich so bedeutungslos, und genauso benahm ich mich. Diese Zusammenhänge muß man erst einmal begreifen.

Zu Punkt 3
Welche Wege kann ich nun gehen, muß ich gehen?
    1. Anders denken – alte Denkmuster durchbrechen – visualisieren.
    2. Anders leben – was ist für mich eigentlich Lebensqualität?
    3. Anders essen – welches sind meine Fehler – ändern des Eß-
       programms.

1. Ich muß mir darüber klarwerden, daß ich meine Gedanken der jeweiligen Situation angepaßt habe. Dabei weiß ich, daß sich Situationen nach den Gedanken gestalten.
Also muß ich logischerweise meine Gedanken in die von mir gewünschte Richtung zwingen, um den Teufelskreis zu durchbrechen.
Wie soll das vor sich gehen?
Ich frage mich zunächst, welches die Gedanken sind, die ich durch andere, durch bessere ersetzen will.
Ich erstelle eine Tabelle der für mich wichtigsten Beispiele:

Ich bin fett	Ich bin schlank, Schlankheit ist meine Natur. Ich bin von Natur aus schlank. Die Natur hat mich nicht fett, sondern schlank gedacht.
Ich bin häßlich	Ich bin schön. Nichts, was die Natur geschaffen hat, ist häßlich. Ich bin attraktiv. Nur ich habe mich häßlich *gedacht*. Menschen, die frei, offen und mit Liebe auf andere Menschen zugehen, wirken immer anziehend.
Mir passen keine Kleider, für Dicke gibt es nichts zum Anziehen	Ich kaufe mir etwas Schönes zum Anziehen. Ich muß zwar etwas länger suchen, aber ich fühle mich in einem edlen, locker sitzenden Kleidungsstück pudelwohl und sicher.
Die Menschen mögen keine Dicken	Ich mag Dicke und Dünne. Andere Menschen sehen das genauso. Dicke haben oft schöne und harmonische Bewegungen und strahlen viel Wärme aus. Ich kultiviere jetzt meine Haltung, meinen Gang, meine positive Ausstrahlung.
Ich habe kein Selbstbewußtsein mehr	Nur belanglose Menschen müssen *allein* durch ihr Äußeres beeindrucken. Ich trage nun meinen inneren Glanz nach außen. Ich fange die Herzen mit meinem Strahlen und dem echten Interesse, das ich ihnen entgegenbringe. Ich lerne wieder zuzuhören.

Ich reagiere oft heftig oder nervös	Ich bin ein friedfertiger Mensch. Diesen inneren Frieden übertrage ich auf meine Mitmenschen, denen ich mit liebevollem Verständnis entgegenkomme.
Ich habe so viel Bitteres erfahren	Ich lasse ab sofort jeden bitteren und enttäuschten Gedanken fahren. Statt dessen umgebe ich täglich alle Menschen, denen ich durch Freud und Leid verbunden bin, mit guten und verständnisvollen Gedanken. Ich weiß, diese positiven Gedanken strahlen auf mich zurück. Außerdem verhindere ich mit dieser Methode der Gedankenumkehrung, daß sich auch nicht ein negativer Gedanke in meinem Körper als Krankheit manifestiert.
Ich kann doch meinem ärgsten Feind nicht noch Glück wünschen	Ich will ihn verstehen von seiner Warte aus. Ich wünsche ihm ehrlichen Herzens, daß es ihm gutgehen möge. Denn das ist mir jetzt sonnenklar – wenn es ihm gutgeht, hegt er keine Feindschaft mehr gegen irgendwelche Menschen, auch nicht mehr gegen mich. Ich muß nur den Mut aufbringen, das gewohnte Gedankenkarussell in die andere Richtung laufen zu lassen.
Ich kann essen und essen, ohne daß ich satt werde	Mein Körper signalisiert mir nun genau, wann meine Sättigungsgrenze erreicht ist. Ich esse nur so viel, wie mein Körper braucht, um gesund und fit zu sein.
Mich plagen viele Wehwehchen	Ich bin von strahlender Gesundheit. Die Natur hat mich mit einem gesunden, elastischen Körper versehen. Ich denke nur noch positiv und fühle mich von Tag zu Tag besser.
Ich bin oft so niedergeschlagen	Ich bin ein glücklicher Mensch. An jedem Morgen überlege ich mir, wofür ich heute dankbar sein kann. Mindestens 10 Punkte will ich mir täglich laut, wie ein Dankesgebet, aufsagen. Zum Beispiel danke ich für das schöne Frühstück, den Ab-

	schiedskuß der Tochter, den Gruß des Nachbarn, das Lächeln einer Passantin, daß mir wirkliches Leid erspart blieb, daß ich mir um den Lebensunterhalt momentan keine Sorgen machen muß, daß ich nette Leute kenne usw.
Ich kann nicht richtig abschalten	Ich freue mich des Daseins. Besinne mich auf jede Faser meines Körpers. Beim Essen kaue ich sorgfältig. Spüre dem Geschmack jedes Bissens intensiv nach. Ich tue alles ganz bewußt und bin entschlossen, glücklich zu sein. Jeden abschweifenden Gedanken lenke ich ganz bewußt in eine positive Richtung.
Ich denke dick	Ich denke mehrmals am Tag besonders liebevoll an mich. Ich weiß, daß ich eine schöne Seele habe, die sich eines Körpers als ihres Instruments bedient, damit sie sich nach außen hin artikulieren kann. Ich sehe mich vor meinem inneren Auge agieren, wie ich von Natur aus bin. Rank und schlank also. Ich visualisiere meine Gestalt mehrmals täglich auf diese Weise. Ich freue mich in Gedanken an meinem schönen, schlanken und gesunden Körper.
Ich bin Männern gegenüber gehemmt	Ich weiß, daß der Erfolg beim anderen Geschlecht davon abhängt, ob ich meine Antennen ausgestellt habe oder nicht. Wenn meine Körpersprache Abwehr signalisiert, brauche ich mich über mangelnde Resonanz nicht zu beschweren.
Ich bin Frauen gegenüber gehemmt	Ich weiß genau, daß ich mich nur so zu zeigen brauche, wie ich bin. Nämlich mit Witz und Charme und eben vollkommen natürlich. Ich bin anziehend. Ich strahle Selbstbewußtsein und Wärme aus. Jeder sieht mich so, wie ich tatsächlich bin, und nicht so, wie ich mich bisher (subjektiv) betrachtet habe.
Nichts gelingt mir	Alles gelingt mir. Mit Zuversicht gehe ich an alle Aufgaben, die sich mir stellen. Ich sonne mich be-

reits gedanklich in dem Erfolg, der mir gewiß ist. Mit Freude und Konzentration erledige ich meine Arbeit.

Meine Kollegen sind unfreundlich	Ich liebe alle meine Kollegen. Jeden Tag betrete ich meine Firma in dem Bewußtsein der Liebe zu allen Menschen, die mir heute begegnen. Ich beantworte Ungerechtigkeiten mit Verständnis, weil ich weiß, daß mein Gegenüber in seiner Entwicklung noch nicht soweit ist, die Liebe für sich einzusetzen. Ich verwandle seine Aggressionen in Sympathien. Ich erläutere mir seine Situation und verstehe seine Handlungen.
Mein Chef läßt mir keinen Handlungsspielraum	Ich versetze mich verständnisvoll in seine Lage. Ich mache mir klar, daß seine große Verantwortung auch Sorgen mit sich bringt. Ständig bewegt er sich in einer Welle von Antipathie der Mitarbeiter. Es ist einfach „in", daß man seinen Vorgesetzten oder Chef nicht anerkennt, ja geradezu bekämpft. Das macht es ihm sicher auch nicht leicht, freundlich zu sein, wie er seiner Natur nach ist. Ich will nun diese „Tradition" durchbrechen. Ich bewege mich vermittelnd zwischen den Fronten und begegne Chef und Kollegen liebevoll und friedfertig, dabei einsatzbereit, weit über die bloße Notwendigkeit hinaus. Ich zeige vor allen Dingen mein ehrliches Interesse an meiner Arbeit und den Menschen, die damit zu tun haben.
Der Erfolg mancher Menschen kann einen schon neidisch machen	Ich gönne allen Menschen den größtmöglichen Erfolg. Ich wünsche jedem Mitmenschen Glück. Ich weiß, daß es mir selbst sehr gut geht, wenn die Menschen meiner Umgebung sich wohl fühlen. Es beeinträchtigt mein Leben kein bißchen, wenn ich voll guter Gedanken und positiver Wünsche für alle mir verbundenen Mitmenschen bin. Ich bin sogar sicher, daß auch mir die Welt offensteht mit allen ihren unzähligen Möglichkeiten.

Ich gerate so leicht in Panik	Angst ist ein Ur-Thema. Aber Angst ist keine Pflichtübung. Es ist möglich, Furchtlosigkeit zu üben. Die Erfahrung meines ganzen Lebens hat mir gezeigt, daß es für *jedes* Problem eine Lösung gibt. Wovor sollte ich also Angst haben? Wenn ich einmal in Gedanken durchspiele, was mir wirklich passieren könnte, wenn..., stelle ich ganz leicht fest, daß mich nichts davon töten würde. Nichts würde passieren, womit ich nicht letztendlich auch leben könnte. Angst über eine Schrecksekunde hinaus ist immer überflüssig. Angst lähmt unnötig die Aktivität. Ich mache mir nun bewußt: Ich bin völlig angstfrei! Den Aufgaben, die das Leben an mich stellt, gehe ich mit Freude und Erwartung entgegen. Ich weiß, jede gelöste Aufgabe macht mich ein Stück stärker und trägt zu meiner inneren Zufriedenheit und zu meinem Selbstbewußtsein bei.

Die Übungsliste für Gedankenumkehr kann endlos weitergeführt werden. Es ist wichtig, daß ich mich völlig „auseinandernehme", ganz ehrlich zu mir bin. Nur dann kann ich den Teufelskreis durchbrechen, der zu Frust und Sucht geführt hat.
Ich muß mir darüber klarwerden, wie *meine* Gedankenmuster programmiert sind.
Was muß ich ändern, wie muß das neue Programm aussehen?
Ich muß mir nun täglich neu suggerieren, daß mein Erfolg, mein Wohlfühlen, meine Gesundheit ausschließlich davon abhängen, daß ich *richtig* denke.
Meine so von mir erarbeitete Suggestion ist meine tägliche Pflichtübung.

2. *Wie will ich überhaupt leben. Ich muß mir genau überlegen, was für mich Lebensqualität ist.*
Und worauf kann oder will ich künftig leichten Herzens verzichten? Was kommt für mich nicht mehr in Betracht, was ist mir vielleicht sogar zuwider, und was stiehlt mir eigentlich bloß die Zeit?
Und wer stiehlt mir die Zeit? Mit was oder wem befasse ich mich nur, weil es meine Gewohnheit ist?

Wo fange ich am sinnvollsten mit meiner Aufräumarbeit an, welcher Pflichten will ich mich entledigen?
Welchen Gewohnheitsballast will ich abwerfen?
Wie kann ich mein Leben so einrichten, daß ich mich wirklich wohl fühle und keine Angst vor der Zukunft und vor dem Leben zu haben brauche?
Was hindert mich, jetzt sofort mit den als notwendig erkannten Änderungen zu beginnen?
Was tue ich für meinen Körper?
Genießt gar mein Auto mehr Aufmerksamkeit als mein body? Pflege und warte ich mein wichtigstes Kapital, meinen Körper, so wie es ihm zusteht?
Welche Aufmerksamkeit schenke ich ihm überhaupt?
Kümmere ich mich um ihn vielleicht nur dann, wenn er krank und leidend ist?
Was tue ich für seinen Erhalt?
Nehme ich es hin, daß er viel zu früh verschleißt? Sogar gebrechlich wird?
Muß ich mir nicht jetzt, jetzt sofort überlegen, wie ich alles ab heute halten will, ja sogar muß?
Was also hindert mich daran, noch heute umzukehren?
Kann ich mit gesundem Egoismus jetzt gleich planen, wie mein Leben schon ab morgen aussehen soll?
Habe ich bei diesen Überlegungen auch genügend Zeit für meine Freunde eingeplant?
Habe ich überhaupt genügend Freunde, die mir treu zur Seite stehen und die andererseits immer mit meiner Hilfe rechnen können?
Habe ich auch genug getan und berücksichtige ich dies auch bei meiner Zukunftsplanung, damit meine Familie, das Wichtigste überhaupt, liebevoll beieinandersteht?
Was kann ich insgesamt tun, damit wieder mehr Wärme und Zusammengehörigkeitsgefühl zwischen den Menschen unterwegs ist, die ich liebe, schätze oder einfach nur kenne?
Wenn ich mich allein fühle, was kann ich unternehmen, daß auch das ab morgen anders ist?
Welches ist denn die Leere, die ich versucht habe, mit Essen aufzufüllen?
Mangelt es mir an einem geselligen Kreis, so setze ich vielleicht eine Anzeige in die Zeitung: „Freundeskreis gesucht".

Oder ich lade mir Leute zu einem Sektfrühstück ein, die ich schon lange näher kennenlernen wollte.
Ich kann mich auch einem esoterischen bzw. religiösen Kreis anschließen. Oder einer Selbsthilfegruppe.
Du hast bei allen meinen Vorschlägen deine Einwände?
Du redest dich damit heraus, daß deine Familie dich beansprucht? Und wen beanspruchst du?
Heraus damit! Was sind deine Wünsche an dieses Leben? Wünsche, die unberücksichtigt blieben und durch unmäßiges Essen ersetzt wurden.
Ändere das! Nur du kannst das. Niemand anders ist dafür verantwortlich.
Brauche ich gute Gespräche und Interessen, die sich nicht nur um Küche, Kinder, Beruf und Partnerschaft drehen, so muß ich selbst dafür sorgen, daß dieses mein Bedürfnis adäquat befriedigt wird. Ich selbst muß dafür sorgen, daß ich alles habe, was ich brauche. Niemand ist mir verpflichtet. Niemandem kann ich meinen Lebenslauf anlasten.
Wenn ich also selbst die Freiheit habe, mein Leben selbst so zu gestalten, wie ich es mir wünsche, warum tue ich das denn nicht?
Warum begnüge ich mich mit der „Ersatzhandlung Essen"!???
Es ist niemand für mein seelisches Wohl verantwortlich.
Ich brauche nicht ent-täuscht zu sein, nur weil ich mich ge-täuscht habe. Denn ich selbst bin meiner eigenen, von mir konstruierten Erwartungshaltung aufgesessen.
Wenn der andere diese Erwartung nicht erfüllen kann oder will, ist dies einzig und allein mein Problem.
Wie kann ich ernsthaft erwarten, daß der andere so funktioniert, wie ich es in ihn hineinprojiziere?
Ich weiß ja nun, daß ich selbst es bin, der Erwartungen hat.
Nicht der andere hat mir Dinge versprochen, die er nicht erfüllen will.
Ich muß mir aber ebenso klarmachen, daß auch ich kein Opfertier bin, an dem sich jedermann „bedienen" kann, weil er meint, Anspruch darauf zu haben, daß ich wiederum seine Erwartungen erfülle.
Ich habe wie jeder andere Anspruch darauf, so zu leben, wie ich es will.
Ich kann die mir gemäße Lebensform nach meinen Vorstellungen frei wählen.
Ich kann tun, was für mich wichtig und wertvoll ist.

Ein Punkt, den ich für mich als unverzichtbar erkannt habe, ist – das habe ich bei meiner inneren Einkehr und persönlichen Bilanz herausgefunden:
Ich muß mir zur Regeneration und Besinnung die Zeit der Muße und heilenden Stille einräumen.
In der Vergangenheit habe ich dieses Bedürfnis meiner Seele und auch meines Körpers überhört.
Ich hatte eigentlich immer Schuldgefühle, wenn ich die Zeit mit so unproduktivem Trödeln „vertan" hatte.
Was heißt in diesem Zusammenhang eigentlich „vertan"?
Wie kann ich denn etwas vertun, was ich nie besessen habe?
Dabei steht mir diese Zeit der Erneuerung ganz gewiß zu.
Ich weiß längst, daß als Ergänzung zu den Zeiten der Konzentration und des angespannten Arbeitens auch die Stunden der Muße und der Entspannung gehören.
Denn: an-spannen und ent-spannen, so ist es in unserer polaren Welt vorgesehen. Nur so sind wir im gesunden Gleichgewicht. Nur so können wir körperliche und seelische Gesundheit bewahren.
Ich muß nicht lange nachdenken, um zu wissen, daß ich Körper und Seele in der Vergangenheit diesen wichtigen Teil des Lebens vorenthalten habe – die Frei-zeit nämlich.
Diese Zeit will ich künftig bei aller Lebensplanung unbedingt berücksichtigen.

Zusammengefaßt sehen meine Vorsätze für die Zukunft so aus:
a) Abschaffen, was mir unbehaglich ist.
b) Pflege meines Körpers über die notwendige Hygiene hinaus.
c) Gesunderhalten meines Körpers durch Sport und Bewegung.
d) Mir Zeit nehmen für Familie und Freunde.
e) Neue interessante Freunde und Gesprächspartner suchen.
f) Zeiten der Muße und der heilenden Stille regelmäßig einlegen.
g) Ich will mir öfter eine Freude machen, mich mehr verwöhnen,
h) friedvoll und liebevoll meinen Mitmenschen begegnen, viel positive Energie austrahlen.

3. Anders essen. Meine bisherigen Essensgewohnheiten haben mir nur Schaden gebracht.
Alle meine Versuche im bisherigen Rahmen haben mich nur noch tiefer abgleiten lassen in die Fänge der Eßsucht.

Was also war falsch? Weshalb war es vorprogrammiert, daß diese Versuche scheiterten?
Erwarte also auch nicht von dir, daß du sofort und für immer deine Probleme los bist.
Es hat Jahre gedauert, bis dein Lebensprogramm nach deinem jetzigen Verhaltensmuster geschrieben war.
Nun kann es nicht in wenigen Tagen umprogrammiert werden. Dennoch, mache dich gleich heute an die Arbeit und fang an!
Erwarte keine Wunder.
Das Ergebnis läßt sich aber tatsächlich bereits nach einer einzigen Woche von der Waage ablesen.
Dieser schnelle Erfolg birgt freilich auch Gefahren in sich. So reagiert man bei den täglichen kleinen Versuchungen ganz gern etwas leichtsinniger: Warum sollte ich mir den kleinen Genuß denn nicht gönnen? Ich weiß ja nun, wie locker ich meinen Weg gehen kann.
Und - schnell rutscht man wieder hinein in den Kreis, dem man gerade zu entfliehen trachtete.
Auch bei mir gab es wie gesagt genügend von diesen Strauchlern – Klippen und Fallen, denen ich ganz und gar nicht ausgewichen bin.
Den Weg der "Tugend" wiederzufinden, ist dann beinhart. Doch weiß ich jetzt, daß dieser Weg auch für einen so extrem eßsüchtigen Menschen, wie ich es bin (und du vielleicht auch?), durchaus begehbar und einzuhalten ist.
Ich bin fest entschlossen, diesen Weg nicht mehr zu verlassen. Ich schaffe es plötzlich spielend, meinem Ziel näher zu kommen. Wichtig ist zu wissen, wie alles kam. Und wie ich denken muß, um nicht mehr in die alten Fehler zurückzufallen. Ich manage meine private Zukunft und meinen Gesundheitsweg genauso sorgfältig wie meinen Berufsweg.
Ich will schön leben.
Dazu gehört, daß ich mich wohl fühle in meiner Haut. Mit Gedanken, die angenehm sind und nicht ewig schuldbeladen wegen meiner "Verfehlungen". Da wir noch keine fehlerlosen Menschen sind, können Fehler geschehen. Aber Fehler lassen sich korrigieren. Dazu habe ich diesen wundervollen Computer, nämlich mein eigenes Hirn zur Verfügung.
Du beginnst nun mit deinem persönlichen Programm.
Dazu ist es notwendig, daß du deinen Nahrungsplan für die nächste Zukunft so gestaltest, daß yinwertiges Essen nur noch krönendes

Beiwerk, nicht aber Hauptnahrung sein darf. So streng allerdings, wie es die ersten 15 Tage oder 4 Wochen (deine Entscheidung!) meines Rezeptteils vorschreiben, brauchst du gewiß nicht bis in alle Zukunft zu leben. Hast du dein "Klassenziel" erreicht, sind ein Gläschen Champagner, ein Stückchen Eistorte, Mousse au chocolat oder andere Köstlichkeiten nicht ganz von der Speisekarte verbannt.
Zunächst aber muß alles vermieden werden, was in dir Eßsucht auslöst.
Deshalb richte dich bitte genau nach meinen Vorgaben. Mache Erfahrungen mit dieser meiner allerstrengsten Version der Ernährung in der Zeit der Reduktion.
Außer den schmelzenden Pfunden wirst du damit endlich das erreichen, was die wichtigste Voraussetzung für ein "unbelastetes" Leben ist: Du wirst dir ein neues Eßverhalten antrainieren. Deine Bedürfnisse werden sich im Laufe weniger Wochen auf die "erlaubte" Seite der Nahrungsliste richten. Die unbezähmbare Lust auf Yin wird klein und kleiner.
Wunderschöner Nebeneffekt eines Körpers, der nicht mehr hoffnungslos übersäuert ist: ein Wohlbefinden, wie man es wirklich seit Jahren nicht mehr kannte. Es wäre doch hirnrissig, diese neuerworbene Körperqualität wieder aufs Spiel zu setzen!
Erlebe also, wie der Körper sich auf das neue Angebot einstellt. Ich versichere dir, wenn du den Weg konsequent weitergehst, wird die große Versuchung, der du dich bislang hilflos ausgeliefert fühltest, kein Thema mehr für dich sein.
Bitte schreibe mir von deinen Erfahrungen mit meinem Programm. Scheue dich nicht, Fragen zu stellen, die ich nach bestem Wissen beantworten will.
Erwarte aber nicht von dir, daß du sofort, ab heute schon, alles richtig machst.
Vertraue unbedingt auf die Wirkung der täglichen Suggestionsformel. Diese Hilfe ist ein zusätzlicher Garant für den Erfolg.
Du kannst dir deine eigene Suggestion auf ein Band sprechen (oder meine Kassette bestellen, siehe Bezugsnachweise, S. 134).
Vielleicht kannst du die Suggestion bei deiner täglichen Autofahrt hören oder beim morgendlichen Aufwach- und Frühstücksritual.
Die Wirkung stellt sich zwar spürbar erst nach einigen Wochen ein, aber wir wollen ja auch einen Langzeiterfolg anstreben.
Was so lange angestanden hat, läßt sich eben nicht über Nacht ändern.

Wichtig ist nur, daß du heute beginnst.
Auch ein Weg von tausend Meilen beginnt mit dem ersten Schritt.
Laß nicht zu, daß irgendwelche Kräfte Macht über dich haben und dir vorschreiben, wo es lang geht.
Diese Macht, in unserem Fall die Sucht auf Essen, ist entlarvt, entmachtet, hat ihre Schrecken verloren – weil du jetzt verstehst!!!
Nachdenken, planen, den Tag besser einteilen, interessante Dinge angehen und ein Lebensgefühl, das dir täglich beweist, wie schön und lohnend das Da-sein ist, machen es überflüssig, Nahrung in den Mund zu stopfen als Ersatz für entgangene Lebensfreude.
Freude ist Pflichtprogramm ab heute. Auch in der Bibel ist nachzulesen: „Aber ich sage euch, freut euch!"
Einen kleinen Tip will ich dir auf deinem Weg aus der Frustration noch mitgeben. Besonders deshalb, weil auch mir dies eine echte Hilfe war. Es war eigentlich der letzte Kick, der mir noch fehlte, um den Eßzwang endgültig zu besiegen.
Ich besuchte ein Seminar, wo über das Thema Angst referiert wurde. Es wurde ausführlich über die Möglichkeit diskutiert, eingefahrene Gedanken- und Verhaltensmuster zu verändern. Man ging davon aus: „Angst ist oft Gewohnheit, ein Irrtum, ein erworbenes Programm", ausgelöst oft durch den Gedanken, der ohne Not immer weitergespielt wird: was passiert, wenn... Wir belasten uns so über Gebühr mit rein fiktiven Überlegungen, die nichts mit der realen Wirklichkeit zu tun haben.
Wir kamen gemeinsam zu dem Schluß, daß man durch Übung diese Gedankenkonstruktionen auflösen kann.
Denn wir bestimmen die Richtung unserer Gedanken, wenn wir dies auch oft unbewußt tun.
Wir können die Gedanken weiterführen, steigern (Angstpflege), unterbrechen oder aber auf andere Ziele lenken.
Wir können die Richtung unserer eigenen Gedanken in die von uns bestimmte Richtung weisen.
Und dann fiel der Satz, der mich so beeindruckte:
Du bist der Meister. Der Meister über deine Gedanken, deine Gefühle, dein Schicksal.
Damit möchte ich mein Buch schließen.
Jetzt bist du dran.
Niemand kann dich daran hindern, dein Leben so einzurichten, wie du es für richtig hältst. Du bist der Meister. Und es ist dein Leben.

Ich wünsche dir von ganzem Herzen den Erfolg, den du dir vorstellst. Sei versichert, er wird nicht ausbleiben.

Ich sende dir viele gute und kraftvolle Gedanken,

Deine Ingrid Schlieske

Anmerkung zum Gesagten

Laß dich bitte nicht irritieren, wenn sich manche Information in diesem Buch mehrmals wiederholt.
Es kann nicht schaden, wenn du die wichtigsten Punkte mehrmals liest, so wie man mit Gewinn Lektionen wiederholt.
Wiederholungen lassen sich auch deshalb nicht vermeiden, da die verschiedenen Thesen, Erfahrungen, ja auch „Tricks" sowohl zu dem einen wie auch zu dem andern Thema passen bzw. gehören. Ich habe mit voller Absicht den gesamten Komplex von allen Seiten zu beleuchten versucht.
Eine zusätzliche Einsicht läßt sich daraus gewinnen: Es kommt alles immer auf wenige Prinzipien an.
Alles muß aus dem Un-Gleichgewicht wieder ins Gleichgewicht gebracht werden: der Körper und eben auch die Seele.
Ist alles in der vorgesehenen Ordnung, so ufern wir in keine Richtung unkontrolliert aus.
Es wird dir auch auffallen, daß du den Gedanken, die ich hier geäußert habe, irgendwann schon begegnet bist. Vielleicht hast du sie selbst schon gedacht – nur nicht in dieser Form oder einfach nicht konsequent bis zum Ende.
Oder hast du etwa deinen Überlegungen nicht getraut!?
Alles, was ich hier aufgeschrieben habe, weißt du eigentlich.
So dient mein Büchlein hauptsächlich zu deiner Bestätigung und gleichsam zu deiner Rückendeckung auf dem Weg, der vor dir liegt.
Alles, was wir zum Leben und zum Glücklichsein brauchen, liegt in uns selbst. Nicht in der „Umwelt", wie wir es so gern glauben wollen und wie es uns sicher auch von lieben Mitmenschen eingeredet wird. Über den Sinn des Lebens nachdenken und auf seinen einfachen Nenner zu kommen, damit ist im Grunde schon die halbe Hürde (oder viel mehr noch...) genommen.

30-Tage-Plan zur Gewichtsreduktion

Achtung wichtig!   Achtung wichtig!

Die Rezepte im nachfolgenden Ernährungsplan sind folgendermaßen zu handhaben:

Die ersten 15 Tage

sind weitgehend nach den Prinzipien der Yang-Zuordnung zusammengestellt. Sie bieten die Gewähr, daß der Hunger auf Mehr, die Gier, der große Jap sehr schnell verschwinden.
Solltest du also zu den extrem eßsüchtigen Menschen gehören, dann rate ich dir, auch in der Zeit nach den ersten 15 Tagen diesen Essensplan genau und so oft zu wiederholen, bis du am Ziel deiner Wünsche bist. Auch dann sollte deine Ernährung sorgfältig reglementiert sein. Du mußt dir klarmachen, welcher Nahrung später der Vorrang einzuräumen ist und welche Dinge du besser meidest. Sonst stolperst du unversehens in die alten Gewohnheiten hinein und bist wehrlos wieder den Gelüsten und den unkontrollierten Mengen ausgeliefert.

Die zweiten 15 Tage

beinhalten in ihrer Zusammenstellung Yin und Yang.
Vielleicht bist du nach dem halben Monat strenger Einhaltung des Ernährungsplanes schon so weit, daß dir ein gelegentlicher Yin-Genuß nicht schadet.
Diese Menü-Pläne sollen dir auf jeden Fall Anregung sein für die "Zeit danach".
Du siehst jedenfalls: alles ist erlaubt. Verzicht ist nicht angesagt. Nur nicht unversehens wieder in überproportionierte Yin-Zuordnung geraten.

Der 31. Tag

ist ein Musterbeispiel dafür, was man essen kann, wie der Tag aussehen kann, wenn die Zeit der Beschränkungen vorüber ist. Jedes Rezept kann für unsere Anschauung problemlos umgebaut werden. Im Restaurant gibt es jede Menge Möglichkeiten.

Tee, Kaffee, Wasser
ordnest du dir nach Gusto zu den Mahlzeiten. Es wäre jedoch generell – nicht nur für die Zeit der Reduktion – wünschenswert, wenn sich der Konsum von Kaffee oder Tee, wenn man nicht ganz darauf verzichten will, auf 1–2 Tassen täglich beschränken würde. Dazu auch nur 1–2 Portionen Kaffeesahne oder Büchsenmilch.

Einkaufszettel
Ich habe darauf verzichtet, einen solchen für dich auszuarbeiten. Die Möglichkeiten für unterschiedliche Familienstrukturen wären zu vielfältig.

Einfacher Ernährungsplan
Bewußt habe ich auf Schnörkel und Raffinessen verzichtet.
Auch wer ungern kocht, kommt bei uns auf seine Kosten. Ruck-zuck ist jede Mahlzeit zubereitet. Die wenigen Zutaten sind leicht zu überblicken. Auch für die Familie kann man problemlos mitkochen. Ihr serviert man entsprechend der jeweiligen Neigung ergänzend Kartoffeln, Reis oder Nudeln. Auch etwas Butter, Crème fraîche oder Sahne kann man der (für uns kärglicheren) Zubereitung beifügen.

Einladungen, Feste während der Reduktionszeit
müssen keine Falle sein. Auch wenn du für diesen Tag keine Gewichtsreduktion verzeichnen kannst, zunehmen wirst du nicht. Nur – du mußt in der Trennung bleiben!
Beschränke dich auf einen kleinen Salat, etwas Fleisch, Gemüse, falls es ohne Mehl zubereitet ist. Danach etwas Obst. Dazu gönnst du dir 2–3 Gläschen Weinschorle, hälftig aus Selterswasser und trockenem Wein. Ich meine, dabei ließe es sich auch feiern. Und niemand merkt, daß du „auf Diät" bist.

Urlaub
Der Urlaub sollte nicht unbedingt in die Zeit der Gewichtsreduktion fallen.
Trennkost ist aber immer und überall angesagt. Man kann sie spielend in jedem Urlaubsland praktizieren. Natürlich kann keine Vollverpflegung gebucht werden. Stelle dein Essen besser selbst zusammen.

Beispiel: **Frühstück**
Am besten wäre Obst.
2. Frühstück
Brötchen oder Toast. Dazu Butter, rohen Schinken, Quark, französischen Camembert, gekochtes Ei (nur das Eigelb essen), Honig, Frischkäsesorten, Honigmelone, Wassermelone, Bündner Fleisch.
Mittagessen
Je nach Urlaubsland. Auch Nudeln mit Pilzen oder Gemüse, überbacken oder Gemüseplatte, Salatschüssel mit allem Schnickschnack. Je nach Angebot wählt man zwischen Eiweiß und Kohlenhydrat.
Nachmittag
Kaffee, Kuchen, Eis, Cappucino, Süßspeisen *oder* Früchte.
Abendessen
Salate, Gemüse, Früchte des Meeres, Fleisch, Obst, Wein.
Später an der Bar
Alles außer Süßgetränke (keine Cocktails oder Liköre).

Du wirst sehen, dies wird ein Urlaub ohne Reue – ohne Gewichtszunahme. Eher ist deine Taille während des Urlaubs, in dem du dir alles oder vieles gegönnt hast, noch ein bißchen schlanker geworden.

Wichtiger Tip für den Alltag
Für Notfälle oder den unüberwindlichen Abendhunger immer einige Karotten vorrätig haben. Aber auch diese nicht in größeren Mengen essen, weil du sonst den Magen weiter auf Riesenmengen programmierst. Und du kommst dabei nicht herunter von den Monstermengen, die du dir in den (lange zurückliegenden) Zeiten des Eßhorrors angewöhnt hast.

Sojaprodukte
Darüber ausführlich zu schreiben würde ein eigenes Buch beanspruchen. Doch ich rate dir, dich in Privatinitiative mit diesem Thema näher zu befassen. Probiere unbedingt aus, was dir diesbezüglich in deiner Wohnnähe angeboten ist. Und vor allen Dingen - gib nicht gleich auf, wenn dir das eine oder andere Produkt nicht schmeckt. Soja ist ein eigenständiges Produkt, keine Fleischkopie. Soja hat außer in der Sojabohne so gut wie keinen Eigengeschmack. Ein Vorteil, wodurch du ihm den Geschmack geben kannst, den du magst. → Seite 94

Übersichtstabelle zur vollwertigen Trennkost

Diese beiden Berge niemals miteinander kombinieren; Zeitabstand mindestens 3 Stunden

EIWEISSBERG

Fisch, auch geräuchert ***
Fleisch ***
Eier ***
Käse ***
Milch ***
Soja ***
Obst der Region *
Obst, exotisch **
Obstsaft ohne Zucker **
Wein ****
Sekt ****
Apfeldicksaft ***
Birnendicksaft ***
Früchtetee ***
Essig *****
Senf *****
gekochte Tomate *****
Seitan (Eiweißprodukt aus Weizen) ***

KOHLENHYDRATBERG

Zucker (nur gelegentlich) *****
Getreideprodukte ***
Kartoffeln ***
Bananen ***
Datteln ****
Feigen *****
Schwarzwurzeln *
Grünkohl *
Getreidemalz (Reismalz) ***
Sirup von Rüben und Ahorn ***

Der Kohlenhydratberg wird auch „Gefahrenberg" genannt. Hier sitzen die Dickmacher, Schlappmacher, Suchtauslöser. Lebenslang limitieren!

← Diese Nahrungsmittel sind mit ➡ NEUTRALEM BERG kombinierbar ←

Hülsenfrüchte ***** wie trockene Erbsen, Bohnen, Linsen, Erdnüsse sind hier nicht einzuordnen. Sie enthalten soviel Eiweiß wie Kohlenhydrate, die der Körper nur schwer für die Verdauung trennen kann.

Super empfehlenswert *   Wenig Einschränkung **   Begrenzte Mengen ***   Zurückhaltung üben ****   Gefahr *****

NEUTRALER BERG

Frischmilchprodukte **	Quark, Joghurt, Kefir, Dickmilch, süße Sahne, saure Sahne, Crème fraîche, Frischkäse, Kräuterfrischkäse, Schafskäse, Mozarella, frischer Ziegenkäse
Käse ***	mind. 60 % in Tr.
Salate *	der Region oder exotisch
Gemüse *	der Region oder exotisch
Fette ****	Butter, Öl, Schmalz, Margarine, Speck, (Fett täglich maximal 70 g)
Gewürze ***	und alle Küchenkräuter
Eigelb ****	nur separat neutral
Pilze ***	
alle Ölfrüchte ***	Avocado, Oliven, Leinsamen, Sesam, Kürbiskerne, alle Nüsse (außer Erdnüssen, diese sind Hülsenfrüchte)
roher Fisch ***	Lachs, Matjes, Sardellen, Kaviar
rohes Fleisch ***	Mett, Tatar, Mettwurst, Salami, Cervelatwurst, alle luftgetrockneten Fleisch- und Wurstsorten
Tofu ***	Sojakäse
rohe Tomaten ****	in kleinen Mengen als neutral zu betrachten
Honig ****	
Kaffee und Tee ****	Kräutertee ist völlig neutral
Schnäpse ****	weiße Schnäpse (braune Schnäpse in kleinen Mengen)
Gelatine ***	tierischer oder pflanzlicher Herkunft
Sprossen, Keime, Kleie *	
Honigmelone *** und Papaya *	(Baummelone)
Rosinen ***	als einzige Trockenfrucht

Der NEUTRALE BERG wird auch „Trostberg" genannt. Alle Nahrungsmittel daraus können mit dem EIWEISSBERG *oder* mit dem KOHLENHYDRATBERG *kombiniert* oder *ohne Zeitabstände* separat gegessen werden.

Mengenempfehlung bei der Nahrungszusammenstellung für eine gesunde Ernährung
Super empfehlenswert *   Wenig Einschränkung **   Begrenzte Mengen ***   Zurückhaltung üben ****   Gefahr *****

Bei verschiedenen Gerichten ist es wünschenswert, daß Sojaprodukte wie Fleisch schmecken. Du wirst erstaunt sein, wie gut man Soja würzen kann. Deine Gäste, deine Familie fallen mit Sicherheit darauf herein.
Tofu ist ein durch Gerinnung gewonnener Sojakäse. Es schmeckt nur, wenn es absolut frisch ist. Tofu ist überaus leicht bekömmlich, *macht satt* und hat je 100 g nur 85–100 kcal. –Tofu kann man braten, schmoren, in Suppe in Würfeln als Einlage kurz mitkochen oder in würzigem Öl einlegen und dem Salat beifügen. Tofu ist nach unserer Zuordnung neutral und paßt zu Eiweiß und Kohlenhydrat. Auch köstliche Brotaufstriche lassen sich daraus zaubern.
Frikadellen aus aufbereitetem Soja (Sojafleisch) sind nicht von Fleischbuletten zu unterscheiden. Die Zubereitung macht's!
Geschnetzeltes von Soja kann so zart und köstlich sein, als hätte man bestes Kalbfleisch verwendet.
Sojamilch ist eine hervorragende Basis für Früchtemixgetränke. Sie sind kalorienarm und *sättigend*.
Sojawürste und Tofurollen werden vielfältig im Handel angeboten. Einige schmecken wirklich vorzüglich. Man sollte diese kleine Investition riskieren und dies für den eigenen Geschmack austesten. Werde aber nicht ungeduldig, wenn dir die erste Zubereitungsweise, die du probierst, nicht zusagt. Bedenke, wie viele Jahre (Jahrzehnte?) Erfahrung du mit der Zubereitung der Produkte hast, die dir heute vertraut sind. Ein gutes Beispiel ist die Kartoffel. Sie schmeckt nur, wenn sie richtig gewürzt ist.
Sojaprodukte bieten anderen Eiweißlieferanten gegenüber den Vorzug, daß sie völlig schlackenfrei verbrennen und erstklassige Basenbildner sind. Sie sorgen bereits kurzfristig für körperliches Wohlbefinden und für aktives Denken. Ja, der "kleine Basenüberhang" ist eben notwendige Voraussetzung für das Energiepotential, über das wir aktuell verfügen können. Die beste Ergänzung zu Soja ist Gemüse und Salat. Auch mit Käse überbacken läßt es sich vorzüglich variieren.

* Ein sehr gutes Sojaprodukt ist erhältlich im BIOLINE Naturkostversand, siehe S. 134

Reduktionsrezepte

1. Tag

Wir empfehlen als Frühstück für die nächsten 15 Yang-betonten Tage ausschließlich unser Muntermachermüsli mit Quark und Äpfeln. Es ist ausreichend Yang-gestaltet, sättigt, hilft die Cholesterinwerte zu senken und macht nicht unerwünschten Appetit auf mehr ... !
Rezept: 100 g Magerquark, 1 Tl. Walnußöl, 1 mit der Schale grobgeraspelter Apfel, 1 Tl. Leinsamen, 1 Tl. ungeschwefelte Rosinen. Mit einer grobgehackten Walnuß vermischen.
Alternativ: 500 g saures Obst auf den Vormittag verteilen bis eine Stunde vor dem Mittagessen.

Mittagessen
warm
30 g Dinkel am Vortag mit Wasser bedecken. In ½ Liter vegetarischer Brühe garen. 20 Minuten vor Ende der Kochzeit 200 g kleingeschnittenen Wirsingkohl hinzugeben. Mit Muskat und frisch gemahlenem weißem Pfeffer würzen.

oder **kalt**
1 kleine Scheibe Vollkornbrot mit wenig Butter und viel Schnittlauch. Dazu: 1 Scheibe Knäckebrot mit wenig Butter und wenig vollfettem Camembert.

Zwischenmahlzeit
100 g milchgesäuerten Sellerie (Reformhaus) in Dressing aus 1 Tl. Distelöl und 1 kleinen, feingeschnittenen Zwiebel.

Abendessen
Radieschensalat mit Zitrone
Radieschen in feine Scheiben schneiden, mit 1 Tl. Zitronensaft und 1 Tl. Distelöl mischen und mit Salz, Pfeffer und viel Schnittlauch würzen.
Rindfleisch mit Wirsingkohl
80 – 100 g gekochtes mageres Rindfleisch (Rest des Kochfleisches portionsweise einfrieren).
300 g Wirsingkohl, geschnitten, mit wenig Wasser gar dünsten. Mit Salz, Pfeffer, Muskat würzen, 1 Tl. Crème fraîche darunterziehen.

Dessert
100 g frische Brombeeren (oder aus dem Froster).

2. Tag

Frühstück

Muntermachermüsli: 100 g Magerquark, 1 Tl. Walnußöl, 1 mit der Schale grobgeraspelter Apfel, 1 Tl. Leinsamen, 1 Tl. ungeschwefelte Rosinen. Mit einer grobgehackten Walnuß vermischen.
Alternativ: 500 g saures Obst auf den Vormittag verteilen bis eine Stunde vor dem Mittagessen.

Mittagessen
warm
Karottensuppe
300 g Karotten würfeln. In vegetarischer Brühe mit 30 g Buchweizengrütze garen. Mit dem Kartoffelstampfer grob pürieren. Mit 1 Eßl. süßer Sahne verfeinern und mit viel gehackter Petersilie servieren.

oder **kalt**
1 Scheibe Vollkornbrot mit wenig Butter, Radieschen.
1 Scheibe Knäckebrot mit etwas Schimmelkäse (Bavaria blue).

Zwischenmahlzeit
1 mittlerer Kohlrabi roh.

Abendessen
Radicchiosalat mit Schnittlauchdressing
1 mittelgroßer Teller Radicchio, gehäuft, mit Dressing aus: 1/3 Becher Joghurt, mild, 3,5% und vegetarischer Streubrühe. Frisch gemahlenen Pfeffer und viel Schnittlauch darübergeben.
Rumpsteak mit Lauchgemüse
Rumpsteak (80 – 100 g) würzen und nach Geschmack in ½ Tl. Butterschmalz braten.
300 g Lauch schneiden, waschen und gut abtropfen. Möglichst ohne oder nur mit wenig Wasser garen. Würzen mit Salz, Muskat, Pfeffer. Abtropfen. 1 leicht gehäufter Tl. Crème fraîche unterrühren.

Dessert (auch später einzunehmen)
100 g frische Brombeeren oder aufgetaut aus dem Froster.

3. Tag

Frühstück
Muntermachermüsli: 100 g Magerquark, 1 Tl. Walnußöl, 1 mit der Schale grobgeraspelter Apfel, 1 Tl. Leinsamen, 1 Tl. ungeschwefelte Rosinen. Mit einer grobgehackten Walnuß vermischen.
Alternativ: 500 g saures Obst auf den Vormittag verteilen bis eine Stunde vor dem Mittagessen.

Mittagessen
warm
Buchweizenbratlinge
30 g Buchweizen kochen, bis keine Flüssigkeit mehr vorhanden ist. 100 g Lauch möglichst ohne oder nur mit wenig Wasser garen. Mit dem Buchweizen mischen. Mit Salz, vegetarischer Streubrühe und Pfeffer würzen. 1 Eigelb von einem kleinen Ei hinzufügen.
Alles zu einer homogenen Masse verkneten, kleine Bratlinge formen und in ½ Tl. Butterschmalz von beiden Seiten bei mittlerer Hitze knusprig braten. Bratensatz mit 1 leicht gehäuften Tl. Crème fraîche und 1 Eßl. Wasser verrühren, aufkochen und zu den Bratlingen auf den Teller geben.

oder **kalt**
1 Vollkornbrötchen vom Vortag (nicht frisch) in zwei Hälften teilen. Eine Hälfte mit etwas Butter und ca. 20 g Camembert 60% belegen. Die zweite Hälfte dünn mit etwas Butter bestreichen und mit einer dünnen Scheibe Rindersalami belegen.

Zwischenmahlzeit
2 mittlere Karotten.

Abendessen
Feldsalat
1 mittlerer Teller Feldsalat in Dressing aus 1 Tl. Himbeeressig, 1 Tl. Distelöl, Salz und Pfeffer.
Putenschnitzel mit Brokkoli
80 g Putenschnitzel mit Salz und Pfeffer würzen und in ½ Tl. Butterschmalz braten. Bratensaft mit 1 Eßl. Wasser verrühren, aufkochen und über das Gemüse geben.
200 g Brokkoli sorgfältig von allen Seiten mit Salz, Pfeffer und Muskat mild würzen. Möglichst ohne oder nur mit wenig Wasser auf kleiner Flamme garen. Zum Fleisch servieren.

Dessert (auch später einzunehmen)
¼ kleine Honigmelone mit 15 g feingeschnittenem Bündner Fleisch.

4. Tag

Frühstück

Muntermachermüsli: 100 g Magerquark, 1 Tl. Walnußöl, 1 mit der Schale grobgeraspelter Apfel, 1 Tl. Leinsamen, 1 Tl. ungeschwefelte Rosinen. Mit einer grobgehackten Walnuß vermischen.
Alternativ: 500 g saures Obst auf den Vormittag verteilen bis eine Stunde vor dem Mittagessen.

Mittagessen
warm
Reispfanne mit Erbsen und Karotten
200 g Erbsen und Karotten aus dem Froster mit wenig Wasser garen.
1 mittlere Zwiebel in ½ Tl. Butterschmalz goldgelb dünsten. 30 g Naturreis in vegetarischer Brühe kochen. Alles vermischen. Mit Pfeffer würzen.

oder **kalt**
1 Scheibe Sonnenblumenbrot (lang) mit etwas Butter bestreichen. 1 leicht gehäufter Tl. Sonnenblumenkerne grob hacken und in der beschichteten Pfanne ohne Fett rösten. Auf das Brot geben.

Zwischenmahlzeit
100 g Rettich in Scheiben mit etwas Salz oder einer Tasse Gemüsesaft (Fertigprodukt) erhitzen. Mit Oregano, Salz und frisch gemahlenem Pfeffer würzen.

Abendessen
Geraspelte Karotten
Mittlerer Teller geraspelte Karotten, leicht gehäuft. Mit Salz und 1 Tl. Distelöl mischen.
Lammkotelett mit grünen Bohnen
2 kleine Lammkoteletts ohne Fettrand mit Salz und Pfeffer würzen. In 1 Tl. Olivenöl mit einer kleinen Knoblauchzehe braten. Auf heißem Teller warmstellen.
200 g feine grüne Böhnchen in wenig Wasser kurz garen (bißfest). Abtropfen und im Bratensaft des Fleisches ganz kurz von allen Seiten braten.

Dessert (auch später einzunehmen)
100 g frische Kirschen oder aus dem Froster.

5. Tag

Frühstück

Muntermachermüsli: 100 g Magerquark, 1 Tl. Walnußöl, 1 mit der Schale grobgeraspelter Apfel, 1 Tl. Leinsamen, 1 Tl. ungeschwefelte Rosinen. Mit einer grobgehackten Walnuß vermischen.
Alternativ: 500 g saures Obst auf den Vormittag verteilen bis eine Stunde vor dem Mittagessen.

Mittagessen
warm
Reissuppe

50 g Naturreis in ½ Liter vegetarischer Brühe garen. Mit ca. 1 Eßl. Soja-Miso würzen.
1 mittlere Zwiebel in ½ Tl. Butterschmalz dünsten und in die Suppe geben.

oder **kalt**

1 Scheibe Vollkornbrot mit etwas Butter und Sesamaufstrich: 1 leicht gehäuften Tl. Sesam ohne Fett in der Pfanne rösten, auf das Brot geben. Dazu: 1 Scheibe Knäckebrot mit wenig Butter und 1 dünne Scheibe Rindersalami.

Zwischenmahlzeit

1 Bund Radieschen
oder eine Tasse vegetarische Brühe.

Abendessen
Endiviensalat

Mittlerer Teller Endiviensalat mit Joghurtdressing aus 1/3 Becher mildem Joghurt, Salz, frisch gemahlenem Pfeffer und viel frischem Dill würzen.

Hähnchen mit Rosenkohl

1 mittelgroßen Hähnchenschenkel mit wenig Olivenöl bepinseln. Mit Salz, Pfeffer und wenig Knoblauchpulver würzen. Im Ofen goldbraun backen.
200 g Rosenkohl in wenig Wasser garen (nicht zu weich). Abtropfen und in 1 Tl. Olivenöl mit gehackter Knoblauchzehe kurz von allen Seiten braten.

Dessert

1 mittelgroßen Apfel in fingerdicke Scheiben schneiden. Von beiden Seiten leicht salzen und mit 1 Messerspitze Butter in beschichteter Pfanne von beiden Seiten goldbraun braten.

6. Tag

Frühstück
Muntermachermüsli: 100 g Magerquark, 1 Tl. Walnußöl, 1 mit der Schale grobgeraspelter Apfel, 1 Tl. Leinsamen, 1 Tl. ungeschwefelte Rosinen. Mit einer grobgehackten Walnuß vermischen.
Alternativ: 500 g saures Obst auf den Vormittag verteilen bis eine Stunde vor dem Mittagessen.

Mittagessen
warm
Sellerieschnitzel
200 g Sellerieknolle in 1 cm dicke Scheiben schneiden. Mit etwas Salz würzen. In ½ Tl. Butterschmalz in der beschichteten Pfanne von beiden Seiten goldgelb braten.

oder **kalt**
2 kleine Scheiben Vollkornbrot (ca. 70 g).
1 Sardellenfilet fein schaben, mit ca. 5 g Butter mischen und auf die Brote streichen.

Zwischenmahlzeit
1 mittlerer Kohlrabi roh.

Abendessen
Chicorée-Salat
2 kleine Chicorée in Scheiben schneiden. Mit Dressing aus Zitrone und 1 Tl. Distelöl sowie Salz und Pfeffer würzen.
Kalbsschnitzel mit Blumenkohl
1 Kalbsschnitzel (80 – 100 g) nach Belieben würzen und in ½ Tl. Butterschmalz braten.
200 g Blumenkohl mit Muskat, Pfeffer, Salz in wenig Wasser garen. Achtung: bißfest lassen!

Dessert
1 mittlere, nicht zu reife Birne in fingerdicke Scheiben schneiden. Von beiden Seiten leicht salzen und in ½ Tl. Butterschmalz von beiden Seiten goldbraun braten.

7. Tag

Frühstück

Muntermachermüsli: 100 g Magerquark, 1 Tl. Walnußöl, 1 mit der Schale grobgeraspelter Apfel, 1 Tl. Leinsamen, 1 Tl. ungeschwefelte Rosinen. Mit einer grobgehackten Walnuß vermischen.

Alternativ: 500 g saures Obst auf den Vormittag verteilen bis eine Stunde vor dem Mittagessen.

Mittagessen

Vollkornbrot mit Rührei

1 mittlere Zwiebel in ½ Tl. Butterschmalz hellbraun dünsten. Ein Eigelb mit 10 g geschnittenem Camembert mischen. Mit Oregano, Salz und Pfeffer würzen und zu den Zwiebeln geben. So braten, daß das Ei cremig bleibt.

Auf einer Scheibe Vollkornbrot verteilen.

Zwischenmahlzeit

150 g milchgesäuerte Rote Bete (aus dem Reformhaus)

Abendessen

Rettichsalat

1 geraspelten Rettich mit 1 Tl. Distelöl und 1 Tl. Zitrone würzen.

Hähnchenschnitzel mit Kohlrabi

80 – 100 g Hähnchenschnitzel nach Belieben würzen und in ½ Tl. Butterschmalz braten.

200 g Kohlrabi würfeln, mit Salz, wenig Pfeffer und Muskat würzen und möglichst ohne oder nur mit wenig Wasser garen. 1 Tl. Crème fraîche unterziehen.

Dessert

2 frische Aprikosen oder 4 Hälften aus der Konserve (ohne Zucker).

8. Tag

Frühstück

Muntermachermüsli: 100 g Magerquark, 1 Tl. Walnußöl, 1 mit der Schale grobgeraspelter Apfel, 1 Tl. Leinsamen, 1 Tl. ungeschwefelte Rosinen. Mit einer grobgehackten Walnuß vermischen.
Alternativ: 500 g saures Obst auf den Vormittag verteilen bis eine Stunde vor dem Mittagessen.

Mittagessen
    warm
    Karotten-Grünkernsuppe
30 g Grünkern am Vorabend mit Wasser bedecken. In ½ l vegetarischer Brühe garen.
200 g gewürfelte Karotten dazugeben. Wenn die Karotten gar sind, alles mit einem Kartoffelstampfer grob zerkleinern. Vor dem Anrichten mit einem leicht gehäuften Tl. Crème fraîche und gehackter Petersilie verfeinern.

oder   **kalt**
1 Scheibe Vollkornbrot mit etwas Butter und einer Scheibe Räucherlachs.

Zwischenmahlzeit
    2 mittlere Karotten.

Abendessen
    Feldsalat mit Walnußöl
Mittlerer Teller Feldsalat in Dressing aus: 1 Tl. Walnußöl oder Distelöl, etwas Zitrone, Pfeffer und Salz.
    Putenschnitzel mit Weißkraut
80 – 100 g Putenschnitzel mit Salz und Paprika würzen, mit ½ Tl. Butterschmalz in beschichteter Pfanne braten. 250 g Weißkraut schneiden, mit Salz, Pfeffer und 1 Tl. Kümmelpulver würzen. Garen, aber nicht ganz weich kochen. 1 leicht gehäuften Tl. Crème fraîche unter das Gemüse ziehen.

Dessert (auch später am Abend einzunehmen)
Einen mittleren Äpfel in Stücke schneiden. Mit etwas Salz und einem Tl. ungeschwefelten Rosinen in einem kleinen Topf mit einer Messerspitze Butter von allen Seiten anbraten und mit einem Spritzer Calvados würzen.
Heiß servieren.

9. Tag

Frühstück

Muntermachermüsli: 100 g Magerquark, 1 Tl. Walnußöl, 1 mit der Schale grobgeraspelter Apfel, 1 Tl. Leinsamen, 1 Tl. ungeschwefelte Rosinen. Mit einer grobgehackten Walnuß vermischen.
Alternativ: 500 g saures Obst auf den Vormittag verteilen bis eine Stunde vor dem Mittagessen.

Mittagessen
warm
Gemüsesuppe mit Reis
250 g Suppengemüse aus dem Froster oder frisch in vegetarischer Brühe garen.
Von vorgegartem Naturreis 2 Eßl. hinzufügen. Mit frischen Küchenkräutern, Salz und Pfeffer nach Belieben würzen.

oder **kalt**
1 Scheibe Vollkornbrot mit etwas Butter und 20 g Räuchertofu und 1 Scheibe Knäckebrot mit etwas Butter und reichlich Kresse.

Zwischenmahlzeit

Mixpickles aus dem Glas. Milchsäurekonservierung aus dem Reformhaus.

Abendessen
Radicchio mit Joghurtdressing
Mittlerer Teller Radicchio in Dressing aus: 1/3 Becher mildem Joghurt, Salz, Pfeffer und viel Schnittlauch.
Spinat mit Spiegelei
250 g Blattspinat frisch oder aus dem Froster mit wenig Wasser kurz garen. Auf einem Sieb abtropfen.
1 Tl. Olivenöl mit 1 gehackten Knoblauchzehe in die heiße Pfanne geben. Wenn Knoblauch Farbe annimmt, Spinat hinzufügen. Mit Salz und Pfeffer würzen.
1 Spiegelei in 1 Tl. Olivenöl braten, auch mit Salz und Pfeffer würzen.

Dessert (auch später einzunehmen)
100 g Himbeeren frisch oder aufgetaut aus dem Froster.

10. Tag

Frühstück
    Muntermachermüsli: 100 g Magerquark, 1 Tl. Walnußöl, 1 mit der Schale grobgeraspelter Apfel, 1 Tl. Leinsamen, 1 Tl. ungeschwefelte Rosinen. Mit einer grobgehackten Walnuß vermischen.
    Alternativ: 500 g saures Obst auf den Vormittag verteilen bis eine Stunde vor dem Mittagessen.

Mittagessen
    warm
    Reis mit Zwiebelsoße
    50 g Naturreis mit Salz garen. 1 große Zwiebel in ½ Tl. Butterschmalz dünsten. Wenn die Zwiebeln hellbraun sind, mit 1 Tl. Vollkornmehl bestäuben und mit etwas vegetarischer Brühe aufgießen. Mit Miso und Kräutersalz würzen und mit 1 leicht gehäuften Tl. Crème fraîche verfeinern.
oder   **kalt**
    1 Scheibe Vollkornbrot mit etwas Butter.
    1 gehäuften Tl. Sesamkörner ohne Fett in der Pfanne rösten. Auf das Brot geben. Dazu 1 Scheibe Knäckebrot mit etwas Butter und viel Schnittlauch.

Zwischenmahlzeit
    1 Bund Radieschen.

Abendessen
    Endiviensalat mit Zitrone
    Mittlerer Teller Endiviensalat mit Dressing aus: 1 Tl. Distelöl, 1 Tl. Zitronensaft, Salz, Pfeffer und viel gehacktem Dill.
    Räuchertofu mit Sauerkraut
    1 mittlere Zwiebel in 1 Tl. Butterschmalz goldgelb dünsten. Wenn die Zwiebel beginnt Farbe anzunehmen, gewürfelten Tofu hinzufügen. Mit Kräutersalz und Pfeffer würzen.
    200 g Sauerkraut – möglichst milchgesäuert aus dem Reformhaus oder Bioladen – mit Rosenpaprika und etwas Salz würzen, 1 Tl. Crème fraîche darunterziehen.
    Wegen der empfindlichen Enzyme und Vitamine darf dieses Sauerkraut nicht gekocht, sondern stets nur erhitzt werden. Zusammen mit dem Tofu servieren.

Dessert (kann auch später eingenommen werden)
    100 g frische Erdbeeren oder aus dem Froster.

11. Tag

Frühstück
Muntermachermüsli: 100 g Magerquark, 1 Tl. Walnußöl, 1 mit der Schale grobgeraspelter Apfel, 1 Tl. Leinsamen, 1 Tl. ungeschwefelte Rosinen. Mit einer grobgehackten Walnuß vermischen.
Alternativ: 500 g saures Obst auf den Vormittag verteilen bis eine Stunde vor dem Mittagessen.

Mittagessen
warm
Gemüsesuppe
1 Suppentasse Fertigprodukt Gemüsesaft erhitzen. Mit Kräutersalz und weißem Pfeffer würzen. Vor dem Servieren mit viel gehacktem Schnittlauch bestreuen.
Dazu 1 kleine Scheibe Vollkornbrot mit etwas Butter.

oder **kalt**
1 Scheibe Vollkornbrot mit etwas Butter und 1 dünnen Scheibe rohem Rinderschinken. Dazu 1 Scheibe Knäckebrot mit etwas Butter und Sesamaufstrich: 1 leicht gehäuften Tl. Sesam in der beschichteten Pfanne ohne Fett mit etwas Salz goldbraun rösten.

Zwischenmahlzeit
Einige Scheiben Rettich mit Salz.

Abendessen
Feldsalat mit Buttermilchdressing
Mittlerer Teller Feldsalat mit Dressing aus: ½ Tasse Buttermilch, etwas Sojasoße, Pfeffer und Salz. Etwas Rettich in kleine Würfel schneiden, salzen und unter den Salat mischen.
Lendensteak in grünem Pfeffer und Karotten
80 g Rinderlende salzen und in ½ Tl. Butterschmalz medium (oder nach Gusto) braten, warmstellen. Bratensaft mit 1 Tl. grünem Pfeffer mischen, über das Fleisch gießen.
200 g Karotten würfeln, mit Salz und weißem Pfeffer würzen. Möglichst ohne oder nur mit wenig Wasser garen. Abgießen. Mit viel gehackter Petersilie bestreuen. Vor dem Servieren im zugedeckten Topf noch einige Minuten durchziehen lassen.

Dessert
Gebratene Birne in Roquefort
1 kleine Birne in fingerdicke Scheiben schneiden. Von beiden Seiten salzen und in ½ Tl. Butterschmalz braten. 10 g Roquefort in 1 Eßl. süßer Sahne schmelzen. Über die Birnenscheiben geben.

12. Tag

Frühstück

Muntermachermüsli: 100 g Magerquark, 1 Tl. Walnußöl, 1 mit der Schale grobgeraspelter Apfel, 1 Tl. Leinsamen, 1 Tl. ungeschwefelte Rosinen. Mit einer grobgehackten Walnuß vermischen.
Alternativ: 500 g saures Obst auf den Vormittag verteilen bis eine Stunde vor dem Mittagessen.

Mittagessen

warm
Wilder Reis mit Kohlrabigemüse
30 g wilden Reis im Salzwasser garen.
200 g Kohlrabi in Würfel schneiden. Würzen mit Salz, Pfeffer und Muskat. Möglichst ohne oder nur mit wenig Wasser garen. Abgießen. 1 leicht gehäuften Tl. Crème fraîche darunterziehen.

oder **kalt**
1 Vollkornbrötchen vom Vortag beidhälftig mit wenig Butter bestreichen und mit Radieschenscheiben belegen. Salzen.

Zwischenmahlzeit
1 – 2 Karotten.

Abendessen

Endiviensalat mit Joghurtdressing
Mittlerer Teller Endiviensalat in Dressing aus: 1/3 Becher Joghurt, gewürzt mit vegetarischer Streubrühe.
Sojabohneneintopf
50 g Azuki-Bohnen in vegetarischer Brühe garen. Mit Bohnenkraut und Pfeffer würzen. Bohnen müssen ca. 2 Stunden köcheln. Abschmecken mit Sojasoße.
1 mittlere Zwiebel würfeln und in ½ Tl. Butterschmalz in beschichteter Pfanne dünsten.
Zu dem Gemüse geben.

Dessert
100 g frische Johannisbeeren oder andere Beeren, auch aus dem Froster.

13. Tag

Frühstück

Muntermachermüsli: 100 g Magerquark, 1 Tl. Walnußöl, 1 mit der Schale grobgeraspelter Apfel, 1 Tl. Leinsamen, 1 Tl. ungeschwefelte Rosinen. Mit einer grobgehackten Walnuß vermischen.
Alternativ: 500 g saures Obst auf den Vormittag verteilen bis eine Stunde vor dem Mittagessen.

Mittagessen

Blumenkohlsuppe mit Grieß
200 g Blumenkohlröschen aus dem Froster in vegetarischer Brühe nahezu zerkochen lassen.
30 g Vollweizengrieß einstreuen und garen. Würzen mit wenig Muskat, Pfeffer und Sojasoße.
1 leicht gehäuften Tl. Crème fraîche unterrühren.

oder **kalt**
1 mittlere Scheibe Vollkornbrot mit etwas Butter und einer dünnen Scheibe Rindersalami.
Dazu: 1 Scheibe Knäckebrot mit Edelschimmelkäse ab 60%, hauchdünn aufgestrichen.

Zwischenmahlzeit

1 mittelgroßer Kohlrabi.

Abendessen

Weißkrautsalat
Weißkraut hauchfein raspeln, so daß ein mittlerer Teller gefüllt ist (geht gut mit der Brotmaschine). Würzen mit ½ Tasse Buttermilch, einer in Salz zerriebenen Knoblauchzehe, Pfeffer, Sojasoße.
Weißkraut mit Rindergeschnetzeltem
200 g Weißkraut grob würfeln und möglichst ohne oder nur mit wenig Wasser garen. Würzen mit Salz, Pfeffer und etwa 1 Tl. Kümmelpulver.
80 – 100 g Rumpsteak in dünne Stifte schneiden. Mit mittlerer, gewürfelter Zwiebel in der Pfanne in ½ Tl. Butterschmalz braten. Würzen mit Salz und Pfeffer.

Dessert

1 Pfirsich oder 2 Pfirsichhälften, frisch oder aus dem Glas (ohne Zucker).

14. Tag

Frühstück

Muntermachermüsli: 100 g Magerquark, 1 Tl. Walnußöl, 1 mit der Schale grobgeraspelter Apfel, 1 Tl. Leinsamen, 1 Tl. ungeschwefelte Rosinen. Mit einer grobgehackten Walnuß vermischen.
Alternativ: 500 g saures Obst auf den Vormittag verteilen bis eine Stunde vor dem Mittagessen.

Mittagessen
warm
Spinatsuppe
30 g Vollweizenschrot in ½ Liter vegetarischer Brühe garen. 200 g feingeschnittenen Spinat hinzufügen.
1 mittlere Zwiebel würfeln, mit einer feingehackten Knoblauchzehe in der Pfanne mit 1 Tl. Olivenöl dünsten. Unter die Suppe mischen.

oder **kalt**
1 Scheibe Vollkornbrot mit etwas Butter bestreichen.
30 g Tofu mit der Gabel zerdrücken. Mit Sojasoße, Kräutersalz und viel gehackter Petersilie anmachen. Auf das Brot streichen. Dazu: 1 Scheibe Knäckebrot mit etwas Butter und einer dünnen Scheibe Rindersalami.

Zwischenmahlzeit
100 g milchgesäuerte grüne Bohnen (aus dem Reformhaus) abtropfen. 1 kleine, feingewürfelte Zwiebel, Salz, Pfeffer und 1 Tl. Distelöl unter die Bohnen geben.

Abendessen
Chicorée mit Schinken und Käse
2 mittlere Chicorée in vegetarischer Brühe oder Hühnerbrühe garen. 1 Knoblauchzehe mitkochen. Abtropfen und nebeneinander auf einen Teller legen.
1 Scheibe gekochten Rinderschinken kurz in ½ Tl. Butterschmalz in der Pfanne braten und über die Chicorée legen. Mit 1 Scheibe Gouda bedecken. In den Überbacker oder in den Backofen geben, bis der Käse beginnt, Farbe anzunehmen.

Dessert
1/6 Wassermelone.

15. Tag

Frühstück
Muntermachermüsli: 100 g Magerquark, 1 Tl. Walnußöl, 1 mit der Schale grobgeraspelter Apfel, 1 Tl. Leinsamen, 1 Tl. ungeschwefelte Rosinen. Mit einer grobgehackten Walnuß vermischen.
Alternativ: 500 g saures Obst auf den Vormittag verteilen bis eine Stunde vor dem Mittagessen.

Mittagessen
warm
Vollkornreis mit Bananencurry
30 g Vollkornreis in Wasser garen.
1 große Banane (nicht zu reif) in 2 cm dicke Scheiben schneiden.
In ½ Tl. Butterschmalz von allen Seiten kurz braten.
Würzen mit scharfem Currypulver und Salz.
½ Becher milden Joghurt über die Banane geben.
Kurz miterhitzen und unterrühren.
Zu dem Reis servieren.

oder **kalt**
1 Scheibe Vollkornbrot mit etwas Butter und Dattelmasse (feingemahlen, Reformhaus) dünn bestreichen.
Dazu: 1 Scheibe Knäckebrot mit etwas Butter und viel Kresse.

Zwischenmahlzeit
1 Bund Radieschen.

Abendessen
Gemischter Salat mit Joghurtdressing
Verschiedene Salate auf mittlerem Teller mit Dressing aus 1/3 Becher Joghurt mit vegetarischer Streubrühe gewürzt.
Spargel mit Rührei
1 Pfund Spargel frisch (oder aus dem Glas) putzen und mit Salz in wenig Wasser garen.
Dazu: Rührei aus 2 kleinen Eiern, die in einem gestrichenen Tl. Butter gebraten werden.

Dessert
2 fingerdicke Ananasscheiben von beiden Seiten salzen und in ½ Tl. Butter in beschichteter Pfanne beidseitig braten.

16. Tag

Frühstück
 Müsli: 100 g Magerquark, Obst einer Sorte nach Wahl, außer Bananen, Datteln und Feigen.
 1 grobgehackte Walnuß, 1 Tl. Walnußöl, 1 Tl. Leinsamen, 1 Tl. ungeschwefelte Rosinen, evtl. 1 Tl. Birnette (Birnendicksaft).
 Alternativ: 500 g Obst auf den Vormittag verteilt bis ca. eine Stunde vor der Kohlenhydratmahlzeit.

Mittagessen
 warm
 Karotten-Kartoffel-Eintopf
 200 g Karotten und 200 g Kartoffeln in vegetarischer Brühe garen. Würzen mit frisch gemahlenem Pfeffer und viel frischer Petersilie.
oder **kalt**
 1 Scheibe Vollkornbrot mit 20 g vollfettem Gouda (65%) sowie 1 Scheibe Knäckebrot mit wenig Butter und 15 g Bündner Fleisch in hauchdünnen Scheiben.

Zwischenmahlzeit
 1 Portion rohes Sauerkraut.

Abendessen
 Tomaten mit Zwiebeln
 1 große Fleischtomate in Scheiben schneiden. Würzen mit Salz, Pfeffer und frischem Basilikum. Etwas Zitronensaft und 1 Tl. Olivenöl auf die Tomaten tröpfeln.
 Kalbsgeschnetzeltes mit Brokkoli
 80 – 100 g Kalbsgeschnetzeltes mit einer gewürfelten, mittelgroßen Zwiebel in ½ Tl. Butter in der Pfanne braten. Mit Salz und frisch gemahlenem weißem Pfeffer würzen. 1 Eßl. süße Sahne hinzufügen.
 200 – 250 g Brokkoli von allen Seiten salzen, leicht pfeffern und möglichst ohne oder nur mit wenig Wasser garen. Etwas Muskatnuß darüberstäuben.

Dessert
 150 g Stachelbeeren, frisch oder als Kompott. In wenig Wasser garen. Mit 1 – 2 Tl. Birnendicksaft süßen.

17. Tag

Frühstück
Müsli: 100 g Magerquark, Obst einer Sorte nach Wahl, außer Bananen, Datteln und Feigen.
1 grobgehackte Walnuß, 1 Tl. Walnußöl, 1 Tl. Leinsamen, 1 Tl. ungeschwefelte Rosinen, evtl. 1 Tl. Birnette.
Alternativ: 500 g Obst auf den Vormittag verteilt bis ca. eine Stunde vor der Kohlenhydratmahlzeit.

Mittagessen
warm
Matjesfilet mit Kartoffel und Bohnen
1 Matjesfilet. Dazu 1 mittelgroße Pellkartoffel.
200 g grüne Bohnen mit Bohnenkraut möglichst ohne oder nur mit wenig Wasser garen. Würzen mit Salz und frisch gemahlenem Pfeffer. 5 g Speck in der Pfanne auslassen. Die bißfest gekochten Böhnchen darin schwenken.

oder **kalt**
1 Scheibe Vollkornbrot mit etwas Butter und 20 g Räuchertofu. Würzen mit Kräutersalz. Und 1 Scheibe Knäckebrot mit Sesam: 1 gehäufter Tl. Sesam ohne Fett in beschichteter Pfanne rösten

Zwischenmahlzeit
Milchgesäuerter Sellerie (Reformhaus) mit Dressing aus: ½ Tasse Joghurt mit vegetarischer Streubrühe gewürzt.

Abendessen
Gurkensalat
Mit nicht zu dünnen Gurkenscheiben einen mittleren Teller füllen. Dressing aus 1/3 Becher mildem Joghurt, gewürzt mit Salz, Pfeffer und viel frischem Dill.
½ Hähnchen
fertig gekauft oder mit Olivenöl oder wenig Butterschmalz bepinseln. Mit Salz, Pfeffer, Paprika und etwas Streuknoblauch würzen. Im Backofen knusprig braten.

Dessert
Zimtjoghurt
1 Becher milden Joghurt mit 1 – 2 Tl. Birnette (Birnendicksaft) leicht süßen. 1 Walnuß grob hacken und mit Zimt nach Belieben unter den Joghurt mischen.

18. Tag

Frühstück
Müsli: 100 g Magerquark, Obst einer Sorte nach Wahl, außer Bananen, Datteln und Feigen.
1 grobgehackte Walnuß, 1 Tl. Walnußöl, 1 Tl. Leinsamen, 1 Tl. ungeschwefelte Rosinen, evtl. 1 Tl. Birnette.
Alternativ: 500 g Obst auf den Vormittag verteilt bis ca. eine Stunde vor der Kohlenhydratmahlzeit.

Mittagessen
warm
Dinkelpfannkuchen mit Banane
30 g Dinkelschrot in Salzwasser zu einem zähen Brei kochen. Mit 1 Tl. Honig süßen. 1 kleine Banane in Scheiben schneiden und 2 Eßl. Quark darunterheben. In beschichteter Pfanne in ½ Tl. Butterschmalz von beiden Seiten bei mittlerer Hitze goldbraun backen.

Zwischenmahlzeit
2 fingerdicke Scheiben Sellerie salzen und von beiden Seiten in ½ Tl. Butterschmalz goldbraun backen.

Abendessen
Kalbsschnitzel mit gebratenen Auberginen
80 – 100 g Kalbsschnitzel würzen nach Belieben und in ½ Tl. Butterschmalz braten.
1 mittlere Aubergine in mitteldünne Scheiben schneiden, auf beiden Seiten leicht salzen und in ½ Tl. Butterschmalz in beschichteter Pfanne von beiden Seiten wenige Minuten braten.

Dessert
1 Scheibe Ananas würfeln. 100 g Magerquark glattrühren, mit 1 – 2 Tl. Birnette (Birnendicksaft) süßen. 1 Tl. ungeschwefelte Rosinen und 1 grob gehackte Walnuß unterheben.
Achtung: Walnuß erst kurz vor dem Verzehr dazugeben, weil sie sonst durch die Ananas stark Bitterstoffe entwickelt.

Anm.: Heute keinen Salat, weil Dessert entsprechend voluminös.

19. Tag

Frühstück
Müsli: 100 g Magerquark, Obst einer Sorte nach Wahl, außer Bananen, Datteln und Feigen.
1 grobgehackte Walnuß, 1 Tl. Walnußöl, 1 Tl. Leinsamen, 1 Tl. ungeschwefelte Rosinen, evtl. 1 Tl. Birnette.
Alternativ: 500 g Obst auf den Vormittag verteilt bis ca. eine Stunde vor der Kohlenhydratmahlzeit.

Mittagessen
Vollkornbrot mit Tomaten
2 Scheiben Vollkornbrot mit wenig Butter bestreichen. In Scheiben geschnittene Tomaten mit fein gewürfelten Zwiebeln daraufgeben. Mit Pfeffer und Salz würzen.

Zwischenmahlzeit
Tomatensuppe mit Schafskäse
1 Suppentasse mit Libby's Tomatensaft aus der Dose erhitzen.
20 g Schafskäse zerbröseln und in die Suppe geben. Würzen mit Oregano, Paprika und Salz.

Abendessen
Feldsalat mit Essig und Öl
Mittlerer Teller mit Feldsalat in Dressing aus:
1 Tl. ital. Essig, 1 Tl. Olivenöl, Oregano, 1 kleine, mit Salz zerriebene Knoblauchzehe darübergeben.
Blumenkohl mit Krabben
1 mittleren Blumenkohl salzen und in wenig Wasser garen. 100 g Krabben auftauen. 1 Tl. Olivenöl erhitzen, 1 geschnittene Frühlingszwiebel und 1 gehackte große Knoblauchzehe darin goldbraun dünsten. Mit 1 Schuß Weißwein ablöschen.
Die Krabben zu dem Sud geben. 1 leicht gehäuften Tl. Crème fraîche mit 1 kleinen Eigelb verrühren und zu der Soße geben. (Eigelb nicht kochen!) Die Soße, falls sie noch nicht dick genug ist, unter ständigem Rühren noch einen Moment auf der ausgeschalteten Platte stehen lassen.
Viel gehackten, frischen Dill dazugeben.
Soße über den Blumenkohl gießen.

Dessert
1 Becher milden Joghurt mit 50 g Himbeeren (aus dem Froster oder frisch) verrühren. Mit 1 Tl. Birnette süßen.

20. Tag

Frühstück
    Müsli: 100 g Magerquark, Obst einer Sorte nach Wahl, außer Bananen, Datteln und Feigen.
    1 grobgehackte Walnuß, 1 Tl. Walnußöl, 1 Tl. Leinsamen, 1 Tl. ungeschwefelte Rosinen, evtl. 1 Tl. Birnette.
    Alternativ: 500 g Obst auf den Vormittag verteilt bis ca. eine Stunde vor der Kohlenhydratmahlzeit.

Mittagessen
    warm
    Hirsesuppe mit Erbsen
    40 g Hirse in vegetarischer Brühe kochen. Kurz vor dem Garsein 100 g gefrorene grüne Erbsen hineingeben. 2 Frühlingszwiebeln in feine Ringe schneiden und in ½ Tl. Butterschmalz goldgelb dünsten. Mit 1 leicht gehäuften Tl. Crème fraîche in der Suppe verrühren. Würzen mit Paprika und weißem Pfeffer.

oder   **kalt**
    1 Scheibe Vollkornbrot mit wenig Butter bestreichen und dick mit Salzgurkenscheiben (Milchgesäuertes aus dem Reformhaus) belegen. Dazu: 1 Scheibe Vollkorntoast mit wenig Butter bestreichen und 1 Scheibe Räucherlachs.

Zwischenmahlzeit
    1 Kohlrabi roh.

Abendessen
    Gemischter Salat
    Mittlerer Teller mit verschiedenen Blattsalaten, Tomate und Gurke. Dressing aus: 1/3 Becher mildem Joghurt, gewürzt mit Salz, Pfeffer, etwas vegetarischer Streubrühe und viel frischem, gehacktem Dill.
    Lachs mit Brokkoli
    1 Scheibe Lachs salzen, pfeffern, in ½ Tl. Butterschmalz von beiden Seiten anbraten. Zum Bratenfett 1 Knoblauchzehe geben. Mit 1 Eßl. herbem Weißwein ablöschen. Im zugedeckten Topf garen. Herausnehmen und warmstellen. Bratensatz mit 1 Tl. Crème fraîche verrühren. Dazu: 200 g Brokkoli von allen Seiten leicht salzen und bißfest garen.

Dessert
    Sorbet
    ½ Becher Joghurt mit ½ Becher gefrorenen Himbeeren verrühren, bis die Masse homogen ist. Nach Belieben mit Birnette süßen. Ist das Sorbet zu flüssig geworden, kurz in den Froster geben. Zwischendurch mit dem Schneebesen durchrühren. Die Masse soll cremig sein.

21. Tag

Frühstück
Müsli: 100 g Magerquark, Obst einer Sorte nach Wahl, außer Bananen, Datteln und Feigen.
1 grobgehackte Walnuß, 1 Tl. Walnußöl, 1 Tl. Leinsamen, 1 Tl. ungeschwefelte Rosinen, evtl. 1 Tl. Birnette.
Alternativ: 500 g Obst auf den Vormittag verteilt bis ca. eine Stunde vor der Kohlenhydratmahlzeit.

Mittagessen
    warm
    300 g Suppengemüse in ½ l vegetarischer Brühe garen. 1 mittlere, kleingeschnittene Zwiebel in ½ Tl. Butterschmalz dünsten und zur Suppe geben. Würzen mit Pfeffer, Paprika, frischen Küchenkräutern nach Belieben. Ca. 8 Minuten vor Fertigstellen der Suppe 20 g Vollkornnudeln dazugeben und mitkochen lassen, bis sie gar sind.
oder **kalt**
    Vollkornbrot mit Tomaten und Zwiebeln
    1 Scheibe Vollkornbrot mit etwas Butter bestreichen. Tomaten mit Pfeffer und Salz würzen. Dazu: 1 Scheibe Knäckebrot mit wenig Butter und etwas Philadelphia bestreichen.

Zwischenmahlzeit
    Einige Scheiben Rettich mit Salz.

Abendessen
    Selleriesalat
    1 Tasse geraspelten Sellerie mit ½ Tasse kleingewürfelten Ananas vermischen. Dressing aus 1 Tl. Walnußöl, 1 Tl. Zitrone, etwas Salz. Salat mindestens 1 Stunde vor dem Anrichten mit Dressing durchziehen lassen. 1 gehackte Walnuß erst kurz vor dem Verzehr hinzufügen (wird sonst durch die Ananas bitter).
    Rumpsteak mit Paprikagemüse
    80 – 100 g Rumpsteak in ½ Tl. Butterschmalz braten. Würzen nach Belieben.
    200 g Paprikaschoten waschen und in mittlere Stücke schneiden. Mit 1 mittelgroßen, in Scheiben geschnittenen Zwiebel in 1 Tl. Olivenöl braten. Würzen mit Salz und Paprika.

Dessert
    1 Orange schälen und mit scharfem Messer in fingerdicke Scheiben schneiden. Beidseitig leicht salzen und in ½ Tl. Butterschmalz kurz von beiden Seiten braten.

22. Tag

Frühstück

Müsli: 100 g Magerquark, Obst einer Sorte nach Wahl, außer Bananen, Datteln und Feigen.
1 grobgehackte Walnuß, 1 Tl. Walnußöl, 1 Tl. Leinsamen, 1 Tl. ungeschwefelte Rosinen, evtl. 1 Tl. Birnette.
Alternativ: 500 g Obst auf den Vormittag verteilen bis ca. eine Stunde vor der Kohlenhydratmahlzeit.

Mittagessen
warm
Bratbrote
2 Scheiben Vollkornbrot werden leicht mit Wasser benetzt und beidseitig leicht gesalzen. In beschichteter Pfanne von beiden Seiten rösten.
1 Scheibe Gouda (ca. 20 g) zwischen die Brote legen und auf ausgeschalteter Platte in zugedeckter Pfanne schmelzen lassen.

oder **kalt**
1 Scheibe Vollkornbrot mit etwas Butter und geröstetem Sesam: 1 leicht gehäuften Tl. Sesam ohne Fett in der Pfanne rösten. Dazu: 1 Scheibe Knäckebrot mit etwas Butter und rohem Schinken.

Zwischenmahlzeit

Mixpickles aus dem Glas. Milchsäurekonservierung aus dem Reformhaus.

Abendessen
Radicchio-Salat
Mittlerer Teller mit Radicchio. Dressing aus: 1 Tl. Olivenöl, 1 Tl. ital. Weinessig, Salz, Pfeffer, Oregano.
Kalbsschnitzel mit Zucchini
80 – 100 g Kalbsschnitzel in ½ Tl. Butterschmalz braten. Würzen mit Salz und Pfeffer.
Dazu: 200 g Zucchini in Scheiben (½ cm) schneiden. Von allen Seiten leicht salzen. In 1 Tl. Olivenöl mit 1 gehackten Knoblauchzehe braten.

Dessert
Götterspeise von gemahlener Gelatine.
¼ l ungesüßten Traubensaft erhitzen und mit der Gelatine verrühren. Kaltstellen.

23. Tag

Frühstück

Müsli: 100 g Magerquark, Obst einer Sorte nach Wahl, außer Bananen, Datteln und Feigen.
1 grobgehackte Walnuß, 1 Tl. Walnußöl, 1 Tl. Leinsamen, 1 Tl. ungeschwefelte Rosinen, evtl. 1 Tl. Birnette.
Alternativ: 500 g Obst auf den Vormittag verteilt bis ca. eine Stunde vor der Kohlenhydratmahlzeit.

Mittagessen
warm
Lauch mit Buchweizenplätzchen
200 g Lauch putzen, abtropfen und in Scheiben schneiden. In 5 g Butter gar dünsten. Würzen mit Salz, Pfeffer und Muskat.
30 g Buchweizen in etwas vegetarischer Brühe garen. Mit dem Lauch und einem Eigelb zu einer homogenen Masse verkneten. Plätzchen formen und in beschichteter Pfanne in 1 Tl. Butter von beiden Seiten bei mittlerer Hitze braten. 1 leicht gehäuften Tl. Crème fraîche mit etwas vegetarischer Brühe verrühren und damit den Bratensaft ablöschen. Beim Servieren die kleine Soße neben die Bratlinge auf den Teller geben.

oder **kalt**
2 Scheiben Vollkornbrot toasten und mit etwas Butter bestreichen. Dazu 2 Scheiben Räucherlachs.

Zwischenmahlzeit
1 große Tomate mit Salz und Pfeffer.

Abendessen
Griechischer Bauernsalat
1 großer Salatteller: Eissalat, Tomaten, Paprika, Gurken, Radicchio, Zwiebelringe, 3 Oliven. Dazu 30 g gewürfelten Schafskäse. Dressing: 1 Eßl. Olivenöl, 1 Eßl. Weinessig, 1 mit Salz zerriebene Knoblauchzehe.
Ratatouille
1 kleine gewürfelte Aubergine von allen Seiten in ½ Tl. Butterschmalz anbraten, in den Topf geben. 2 kleine Zucchini in Scheiben schneiden, anbraten, dazugeben. Mit einer großen, in Ringe geschnittenen Zwiebel genauso verfahren. 1 Paprikaschote würfeln und gleich in den Topf geben. 1 gehackte Knoblauchzehe dazugeben. Alles langsam köcheln lassen (nicht zu weich!). Würzen mit Salz, scharfem und mildem Paprika, etwas Chili.

Dessert:
Bratäpfel
2 mittlere Äpfel von Stiel und Blume befreien. In die entstandene Kuhle einige Rosinen füllen, mit 1 Tl. Calvados tränken. Mit Zimt bestreuen. Im Backofen backen.

24. Tag

Frühstück
 Müsli: 100 g Magerquark, Obst einer Sorte nach Wahl, außer Bananen, Datteln und Feigen.
 1 grobgehackte Walnuß, 1 Tl. Walnußöl, 1 Tl. Leinsamen,
 1 Tl. ungeschwefelte Rosinen, evtl. 1 Tl. Birnette.
 Alternativ: 500 g Obst auf den Vormittag verteilt bis ca. eine Stunde vor der Kohlenhydratmahlzeit.

Mittagessen
 warm
 Pellkartoffeln mit Ouark
 2 mittelgroße Kartoffeln in der Schale garen.
 125 g Magerquark mit Salz und gewürfelten Zwiebeln anmachen.

oder **kalt**
 1 Scheibe Vollkornbrot mit etwas Butter und ca. 20 g Camembert 60%. Dazu 1 Scheibe Knäckebrot mit etwas Butter und ca. 20 g geräuchertem Tofu.

Zwischenmahlzeit
 1 mittlerer Kohlrabi.

Abendessen
 Endiviensalat
 Mittlerer Teller mit Endiviensalat. Dressing aus: 2 Tl. Olivenöl, 2 Tl. Weinessig, einer Messerspitze vegetarischer Streubrühe, frisch gemahlenem Pfeffer.
 Austernpilze mit Hähnchenschenkel
 200 g Austernpilze waschen und abtropfen. In 1 Tl. Olivenöl 2 gehackte Knoblauchzehen Farbe nehmen lassen. Die Pilze in die Pfanne geben. Ca. 5 Minuten in dem sehr heißen Öl gar braten. Vom Herd nehmen, bevor die Pilze Wasser ziehen. Würzen mit Salz, weißem Pfeffer, 1 leicht gehäuften Tl. Crème fraîche.
 Dazu: 1 mittleren Hähnchenschenkel mit Olivenöl bepinseln, mit Salz, Pfeffer und einem Hauch Knoblauchpulver würzen. Im Backofen goldbraun braten.

Dessert
 100 g Himbeeren aus dem Froster oder frisch.

25. Tag

Frühstück
Müsli: 100 g Magerquark, Obst einer Sorte nach Wahl, außer Bananen, Datteln und Feigen.
1 grobgehackte Walnuß, 1 Tl. Walnußöl, 1 Tl. Leinsamen, 1 Tl. ungeschwefelte Rosinen, evtl. 1 Tl. Birnette.
Alternativ: 500 g Obst auf den Vormittag verteilt bis ca. eine Stunde vor der Kohlenhydratmahlzeit.

Mittagessen
warm
200 g gekochte Kartoffeln in grobe Würfel schneiden. Mit einer kleingewürfelten Zwiebel in eine beschichtete Pfanne geben. Mit 2 Tl. Olivenöl, Salz und viel scharfem Paprika von allen Seiten bräunen. Parallel dazu 1 rote und 1 grüne Paprikaschote grob würfeln und in 1 Tl. Olivenöl bißfest garen. Würzen mit Salz und Paprika. Beide Pfanneninhalte kurz zusammen braten lassen.

oder **kalt**
2 Scheiben Vollkornbrot mit etwas Butter bestreichen, Tomatenscheiben daraufgeben. Mit Salz und Basilikum würzen und mit hauchdünnen Mozzarellascheiben (ca. 30 g) bedecken.

Zwischenmahlzeit
Einige mitteldicke Scheiben Rettich mit Salz.

Abendessen
Gurkensalat mit Dill
Mittleren Teller mit Gurkenscheiben anrichten. Dressing: 1/3 Becher milden Joghurt. Würzen mit Salz, Pfeffer, viel frischem gehacktem Dill.

Karottengemüse mit Tatarbuletten
80 g Tatar mischen mit 80 g geraspelter, kurz (5 Min.) gedünsteter Karotte. 1 mittelgroße gewürfelte Zwiebel in ½ Tl. Butterschmalz dünsten. Zu der Farce geben. Würzen mit weißem Pfeffer, Salz, etwas Oregano. Buletten formen und in ½ Tl. Butterschmalz bei mittlerer Hitze von beiden Seiten ausreichend braten. 200 g Karotten würfeln und in wenig Wasser mit Salz und Pfeffer garen. Abgießen. 1 Tl. Crème fraîche unterheben. Viel frische Petersilie dazugeben.

Dessert:
Johannisbeerjoghurt
100 g Johannisbeeren frisch oder aus dem Froster mit der Gabel zerdrücken, in ½ Becher milden Joghurt rühren. Mit Birnette süßen.

26. Tag

Frühstück

Müsli: 100 g Magerquark, Obst einer Sorte nach Wahl, außer Bananen, Datteln und Feigen.
1 grobgehackte Walnuß, 1 Tl. Walnußöl, 1 Tl. Leinsamen, 1 Tl. ungeschwefelte Rosinen, evtl. 1 Tl. Birnette.
Alternativ: 500 g Obst auf den Vormittag verteilt bis ca. eine Stunde vor der Kohlenhydratmahlzeit.

Mittagessen
warm
Kartoffelsuppe
2 mittlere Kartoffeln mit 1 Bund kleingeschnittenem Suppengrün in ½ l vegetarischer Brühe garen. Etwas pürieren. 1 mittelgroße Zwiebel würfeln und in ½ Tl. Butterschmalz hellbraun dünsten. Mit gehackter frischer Petersilie in die Suppe geben. Wenn man Schweinefleisch essen möchte, dann noch 5 g gebratenen Speck beifügen.

oder **kalt**
1 Scheibe Vollkornbrot mit Eigelb: 1 Ei kochen, Eigelb mit etwas Butter verkneten, mit Salz und viel kleingehacktem Schnittlauch mischen. Mit frisch gemahlenem weißem Pfeffer würzen. Dazu: 1 Scheibe Knäckebrot mit etwas Butter und Bündner Fleisch (ca. 20 g).

Zwischenmahlzeit
Milchgesäuerter Sellerie (Reformhaus). Abtropfen und mit 1/3 Becher Joghurt anmachen. Würzen mit vegetarischer Streubrühe, Pfeffer.

Abendessen
Feldsalat
Mittlerer Teller Feldsalat in Dressing aus: 1 Eßl. Distelöl, 1 Eßl. Himbeeressig, Salz, Pfeffer.
Putenschnitzel mit Ananas
80 – 100 g Putenschnitzel würzen mit Currypulver.
2 Scheiben Ananas ebenfalls würzen mit wenig Currypulver und Salz. Alles zusammen in einer Pfanne in ½ Tl. Butter von beiden Seiten braten.

Dessert
1 großer Schnitz Wassermelone.

27. Tag

Frühstück
Müsli: 100 g Magerquark, Obst einer Sorte nach Wahl, außer Bananen, Datteln und Feigen.
1 grobgehackte Walnuß, 1 Tl. Walnußöl, 1 Tl. Leinsamen, 1 Tl. ungeschwefelte Rosinen, evtl. 1 Tl. Birnette.
Alternativ: 500 g Obst auf den Vormittag verteilt bis ca. eine Stunde vor der Kohlenhydratmahlzeit.

Mittagessen
warm
Nudeln mit Austernpilzen
50 g Vollkornnudeln in Salzwasser garen.
100 g Austernpilze waschen, abtropfen, in Streifen schneiden. 1 mittlere Zwiebel würfeln und in 1 Tl. Olivenöl mit einer gehackten Knoblauchzehe zusammen glasig dünsten. Pilze dazugeben. Mit Salz und frisch gemahlenem Pfeffer würzen. Unter die Nudeln heben.
oder **kalt**
3 Scheiben Knäckebrot mit etwas Butter und ca. 30 g Rahmgouda.

Zwischenmahlzeit
1 Bund Radieschen.

Abendessen
Gemischter Salat mit italienischem Dressing
Mittlerer Teller mit grünem Salat, Gurke, Tomate in Dressing aus: 1 Eßl. Essig, 1 Eßl. Olivenöl, 1 mit Salz zerriebene Knoblauchzehe, 1 kleingewürfelte Zwiebel, Pfeffer.
Rindergulasch mit Rotkraut
100 g Rindfleisch würfeln und mit 100 g grob gewürfelter Zwiebel mit Salz, scharfem und süßem Paprika von allen Seiten in ½ Tl. Butterschmalz anbraten und im geschlossenen Topf garen (ca. 1 Std.). 200 g Rotkohl in feine Streifen schneiden und mit 1 gewürfelten Apfel in wenig Wasser garen. Würzen mit Salz, Pfeffer und vegetarischer Streubrühe.

Dessert
Götterspeise
1 Tasse Apfelsaft ohne Zucker erhitzen und mit Gelatinepulver nach Vorschrift verrühren. Erstarren lassen.

28. Tag

Frühstück
Müsli: 100 g Magerquark, Obst einer Sorte nach Wahl, außer Bananen, Datteln und Feigen.
1 grobgehackte Walnuß, 1 Tl. Walnußöl, 1 Tl. Leinsamen,
1 Tl. ungeschwefelte Rosinen, evtl. 1 Tl. Birnette.
Alternativ: 500 g Obst auf den Vormittag verteilt bis ca. eine Stunde vor der Kohlenhydratmahlzeit.

Mittagessen
warm
Weizengrießsuppe mit Gemüse
½ l vegetarische Brühe zum Kochen bringen. 100 g Suppengemüse aus dem Froster oder beliebiges Gemüse vom Vortag dazugeben und garen.
30 g Weizengrieß einstreuen und aufkochen lassen. Einen leicht gehäuften Tl. Crème fraîche einrühren.

oder **kalt**
2 Vollkornbrote mit Lätta-Margarine und Sesam: 2 gehäufte Teelöffel Sesam ohne Fett in der Pfanne rösten.

Zwischenmahlzeit
Milchgesäuerte Rote Bete (Reformhaus) in Dressing aus: 1/3 Becher Joghurt mit vegetarischer Streubrühe gewürzt.

Abendessen
1 Fleischtomaten mitteldünne Scheiben schneiden. Würzen mit Salz, Pfeffer, Basilikum. 20 g Schafskäse zerbröseln und darübergeben.
Rinderfilet mit Blumenkohlröschen
80 g Rinderfilet würzen nach Belieben und in ½ Tl. Butterschmalz braten.
200 g Blumenkohl in Röschen zerpflücken und in wenig Wasser garen. Würzen mit Salz, Pfeffer, Muskat. Abgießen und eine dünne Scheibe Gouda auf dem Blumenkohl im zugedeckten Topf schmelzen lassen.

Dessert
½ Pampelmuse.

29. Tag

Frühstück
Müsli: 100 g Magerquark, Obst einer Sorte nach Wahl, außer Bananen, Datteln und Feigen.
1 grobgehackte Walnuß, 1 Tl. Walnußöl, 1 Tl. Leinsamen, 1 Tl. ungeschwefelte Rosinen, evtl. 1 Tl. Birnette.
Alternativ: 500 g Obst auf den Vormittag verteilt bis ca. eine Stunde vor der Kohlenhydratmahlzeit.

Mittagessen
warm
Grünkernsuppe mit Kohlrabi
30 g Grünkern in vegetarischer Brühe garen. Reichlich Flüssigkeit nehmen, da während der langen Kochzeit (mind. 2 Std.) viel einkocht. Nach halber Kochzeit 1 kleingewürfelten Kohlrabi hinzufügen. Zerkochen lassen.
Würzen mit etwas Muskat, frisch gemahlenem weißem Pfeffer und 1 leicht gehäuften Tl. Crème fraîche.

oder **kalt**
1 Scheibe Vollkornbrot mit etwas Butter und dünn aufgestrichener Crème fraîche, viel Schnittlauch.
Dazu: 1 Scheibe Knäckebrot mit etwas Butter und Rahmcamembert.

Zwischenmahlzeit
1 Kohlrabi.

Abendessen
Gekochte Rinderbrust mit Wirsinggemüse
500 g Rinderbrust mit Suppengrün, 1 Zwiebel und einigen weißen und schwarzen Pfefferkörnern sowie Salz auf kleiner Flamme lange kochen lassen (mind. 1 ½ – 2 Std.). In 5 Scheiben teilen, 4 davon im größten Teil der Brühe portionsweise einfrieren. 250 g Wirsing in Streifen schneiden und in ein wenig Rinderbrühe, gewürzt mit Salz, Muskat und Pfeffer, bißfest garen. Die restliche Brühe bis auf 2 Eßlöffel einkochen. 1 Tl. Sahne (20%) unterrühren. Zum Fleisch auf den Teller geben.

Dessert
2 beliebige Käsesorten, je 20 g, zu einer kleinen Rispe Weintrauben.

30. Tag

Frühstück
    Müsli: 100 g Magerquark, Obst einer Sorte nach Wahl, außer Bananen, Datteln und Feigen.
    1 grobgehackte Walnuß, 1 Tl. Walnußöl, 1 Tl. Leinsamen,
    1 Tl. ungeschwefelte Rosinen, evtl. 1 Tl. Birnette.
    Alternativ: 500 g Obst auf den Vormittag verteilt bis ca. eine Stunde vor der Kohlenhydratmahlzeit.

Mittagessen
    1 große Scheibe Graubrot mit etwas Butter und 3 Scheiben Rindersalami.
    Dazu: 1 Tasse vegetarische Brühe.

Zwischenmahlzeit
    2 mittlere Karotten, in Längsstreifen geschnitten. Dazu Dip: 1/3 Tasse milden Joghurt mit vegetarischer Streubrühe würzen. Glattrühren.

Abendessen
    Kopfsalat mit Joghurtdressing
    Gut abgetropften Kopfsalat auf mittleren Teller geben. Dressing: 1/3 Becher milden Joghurt mit Salz, Pfeffer, etwas Sojasoße und viel gehacktem frischem Schnittlauch würzen.
    Crème-fraîche-Omelette mit Tomaten
    2 kleine Eier in einer Tasse mit Salz, Pfeffer und 1 leicht
gehäuften Tl. Crème fraîche verquirlen. In beschichteter Pfanne in ½ Tl. Butterschmalz von beiden Seiten goldbraun backen. Die obere Seite mit 1 Tl. Crème fraîche bestreichen, noch ganz kurz backen. Omelette zusammenklappen.
    1 Fleischtomate in Scheiben schneiden. Mit Salz, Pfeffer und 1 kleinen, feingewürfelten Zwiebel und etwas Basilikum würzen, auf einem Teller anrichten. Das zusammengeklappte Omelette zu den Tomaten legen.

Abendessen
    1 Pfirsich frisch oder 2 Pfirsichhälften aus der Konserve (ohne Zukker).

Handhabung der Tagesmenuepläne

Die Tageskalorienmenge liegt bei 1000 kcal. Die ersten 15 Tage sind vorwiegend yangwertig zusammengestellt. Bei Eßsuchtproblemen und starker Übersäuerung empfiehlt es sich, als natürlichen Appetitszügler und Sattmacher Soja einzusetzen. Bezugsquellen sind auf der Buchseite 134 angegeben. Soja ist ein starker Basenbildner und ein wertvoller Eiweißlieferant. Soja verbrennt im Gegensatz zu Fleisch und Fisch schlackenfrei im Körper. Bereits mit 25 g Soja pro Mahlzeit ist die Sättigung erreicht, für die man die 5–6-fache Fleischmenge bräuchte. Dadurch zählt eine Sojamahlzeit auch nur wenige Broteinheiten und hat nur ca. ¼ des Puringehaltes einer vergleichbaren Fleischmenge. Auch sind die Kalorien einer Sojamahlzeit ungleich geringer, als die der Fleischmahlzeit. Durch das Quellen von Sojafleisch ist die Größe der Sojaportionen mit dem Fleischanteil pro Mahlzeit vergleichbar.

Mit Soja verschwinden Hungergefühle bereits in den ersten Tagen. Der Stoffwechsel wird durch wertvolle Proteine angeregt. Die empfohlenen Soja-Produkte sind geschmacksneutral und können nach Gusto gewürzt werden. Man muß sich etwas Zeit nehmen, um die Anwendung zu erlernen. Wenn wir uns an das erste selbst zubereitete Steak erinnern, so war uns das sicher auch nicht so toll gelungen.

Nachfolgend die Soja-Nahrungsmittel, mit deren Hilfe die vegetarischen Rezepte hergestellt werden:

- **Soja-Hack** wird wie Hackfleisch eingesetzt. Frikadellen und Füllungen sind bei richtiger Anwendung und Würzung kaum von Fleisch zu unterscheiden.
- **Soja-Schnetzel** läßt sich wie zartes Kalbfleisch verwenden.
- **Gemüsebrühe** hat pro Tasse nur ca. 7 kcal. Wird bei Eintopf, Soßen, Suppen, Salat, Gemüsegerichten, als Streuwürze eingesetzt.
- **Kräutersalz** Feine Gewürzmischung. In der Küche unverzichtbar. Mit einem winzigen Hauch Knoblauch.
- **Sojasoße** Kostbares Gewürz, durch Milchsäuregärung hergestellt. Bitte nicht im Supermarkt kaufen.
- **Öl** Für Salate kaltgeschlagene Öle, zum Braten nur Butterschmalz oder Olivenöl

Tofu   Leicht bekömmlicher Soja-Käse mit wenig Kalorien. Er wird durch Gerinnung gewonnen und schmeckt absolut köstlich - wenn man ihn richtig zubereitet und vor allen Dingen - frisch bezieht.

Nach den ersten 15 „strengen Tagen" kann eventuell schon etwas experimentiert werden.
Bei „Gelüsten" oder einsetzendem Hungergefühl empfehle ich, wieder zu der strengen Yang-Zuordnung der ersten 15 Tage zurückzukehren. Auf jeden Fall aber ist es sinnvoll, Soja generell einen Platz einzuräumen auf dem Speiseplan der Zukunft. Dies nicht als billigen Fleischersatz, sondern als völlig eigenständiges Naturprodukt mit großem gesundheitlichem Wert, das vielfältige Geschmacks- und Zubereitungsvielfalt bietet.
Bitte achte bei den Menü-Plänen genau darauf, wann „und" oder wann „oder" angegeben ist. Wir dürfen nicht vergessen:
Der Knackpunkt bei der sogenannten „Eßsucht" liegt bei der Yin- und Yang-Zuordnung der Nahrungsmittel.
Gier und Zwang zu essen, bezieht sich fast ausschließlich auf die Nahrungsmittel, die zu der Yin-Liste zählen. Nur Yin veranlaßt den eßsüchtigen Menschen zu maßlosem Weiteressen.
Sehr hilfreich hat sich bei besonders „schwierigen Fällen" ein natürlicher Appetitzügler erwiesen. Er bietet auch eine wirkungsvolle Alternative zu Süßigkeitsgewohnheiten:

Vegetarische Rezepte
Folgende Rezepte sind die vegetarischen Alternativen zu den vorgeschlagenen Eiweißrezepten. Bei uns also für die Abendmahlzeiten. Salat und Dessert bleiben unverändert.

1. und   **Soja-Frikadellen (für 2 Tage)**
2. Tag   50 g Soja-Hack in heißem Wasser ausquellen lassen. Nicht mehr Wasser hinzufügen, als aufgenommen werden kann. 25 g Gouda (jung) grob raspeln und mit 1 kleinen Ei zu der Farce geben. 1 große Zwiebel würfeln und in 1 Eßlöffel Öl dünsten. Evtl. 1 Knoblauchzehe zerdrücken und mitbraten. Alles mit dem Soja vermischen.

Würzen mit vegetarischer Streugemüsebrühe, Sojasoße, Pfeffer, Salz, Kräuter der Provence. 1 Eßlöffel Öl in der Pfanne erhitzen. Mit dem Eßlöffel kleine hohe Häufchen Soja in das heiße Fett setzen. Erst dann mit dem Löffel zu hohen Frikadellen formen.
Bei mittlerer Hitze auf beiden Seiten knusprig braten. Mit flachem Fleischwender vorsichtig arbeiten, da die Frikadellen anfänglich leicht bröseln.

3. Tag **Räuchertofu gebraten**
200 g Räuchertofu in ca.1 cm dicke Scheiben schneiden. In Sojasoße wenden, leicht mit Kräutersalz würzen. In 1 Eßlöffel Öl auf beiden Seiten goldbraun braten. Wenige Minuten Bratzeit genügen, da Tofu keine Garzeit braucht.

4. Tag **Tofu-Bratlinge mit Karotten**
200 g Tofu in einer Schüssel mit einer Gabel zerdrücken. 200 g Karotten grob raspeln. Mit wenig Wasser angaren. Das Wasser herausdrücken und zu dem Tofu geben.1 große Zwiebel würfeln, in 1 Teelöffel Öl goldbraun braten und ebenfalls dem Tofu hinzufügen.
Würzen mit vegetarischer Streubrühe, Pfeffer, Salz, Petersilie. Mit einem Ei zu einer homogenen Farce mischen. In 1 Eßlöffel Öl in beschichteter Pfanne von beiden Seiten goldbraun braten, nachdem man mit dem Löffel in der Pfanne große Bratlinge geformt hat. Einen leicht gehäuften Eßlöffel Crème fraîche im Bratensatz schmelzen lassen und gewürzt mit etwas vegetarischer Streubrühe zu den Bratlingen reichen.

5. und **Soja-Frikadellen**
6. Tag wie 1. Tag und 2. Tag.

7. Tag **Tofu-Geschnetzeltes**
150 g Tofu in dünne Stifte schneiden. In Sojasoße wenden und in 1 Eßlöffel Öl zusammen mit 1 gewürfelten mittleren Zwiebel goldbraun dünsten. Mit Kräutersalz, weißem Pfeffer

würzen. Einen leicht gehäuften Teelöffel Crème fraîche darunterziehen.

8. Tag **Zwiebelhaschee**
30 g Soja-Hack in heißem Wasser quellen lassen. Eine große Zwiebel in 1 Eßlöffel Öl goldbraun braten. Dann das Hack hinzufügen und mitbraten lassen.
250 g Weißkraut in Streifen schneiden und in wenig Wasser gar dünsten. In die Soja-Zwiebelpfanne geben. Alles gut durchbraten. Würzen mit vegetarischer Streubrühe, 1 Teelöffel Kümmelpulver, Pfeffer, etwas Kräutersalz.

9. Tag **Tofu mit Weißweinsoße**
150 g Räuchertofu würfeln, in Sojasoße wenden und mit mittlerer, klein gewürfelter Zwiebel von allen Seiten anbraten. Mit einem Schuß trockenem Weißwein ablöschen. Einen Teelöffel Crème fraîche darunterziehen. Mit einem Eigelb schnell verrühren, bis die Soße angedickt ist.
Nicht aufkochen, da Gerinnungsgefahr. Würzen mit vegetarischer Streubrühe und weißem Pfeffer.

10. Tag Keine zusätzliche Empfehlung, da bereits vegetarisch.

11. Tag **Tofu-Kohlrabibratlinge**
150 g Tofu (geräuchert) würfeln. In Sojasoße wenden und mit einer klein gewürfelten Zwiebel von allen Seiten goldbraun braten. Alles mit 200 g gegartem zerdrücktem Kohlrabi mischen. 1 Ei hinzufügen. Würzen mit vegetarischer Streubrühe, Muskat, weißem Pfeffer. Von beiden Seiten in 1 Eßlöffel Öl goldbraun braten. Einen Eßlöffel Crème fraîche im Bratensaft schmelzen lassen, würzen mit vegetarischer Streubrühe. Zu den Bratlingen reichen.

12. Tag Keine zusätzliche Empfehlung, da bereits vegetarisch.

13. Tag **Soja-Geschnetzeltes**
Soja-Geschnetzeltes in heißem Wasser quellen lassen. Mit einer mittleren, klein gewürfelten Zwiebel in 1 Eßlöffel Öl

braten. Mit Sojasoße, vegetarischer Brühe, Pfeffer und ggf. etwas Salz würzen. In Extrapfanne 1 gewürfelte Paprikaschote und 1 gewürfelte Zwiebel in 1 Eßlöffel Öl gar braten. Unter das Geschnetzelte geben.

14. Tag **Soja-Frikadelle mit Gouda überbacken**
Wie 1. Tag. Jedoch über die fertigen Frikadellen eine dünne Scheibe Gouda geben. Bei geschlossener Pfanne schmelzen lassen.
Dazu Gemüse wie vorher zum Fleisch angegeben.

15. Tag **Räuchertofu**
150 g Räuchertofu in 1 cm dicke Scheiben schneiden. Mit 1 Eßlöffel Öl von beiden Seiten kurz anbraten.
Gemüse wie vorher.

16. Tag **Zwiebelgeschnetzeltes**
30 g Soja-Geschnetzeltes in heißem Wasser ausquellen lassen. 1 große Zwiebel grob würfeln und in der Pfanne mit 1 Eßlöffel Öl Farbe nehmen lassen. Geschnetzeltes hinzugeben. Alles gut durchbraten. Mit vegetarischer Streubrühe, Sojasoße, Pfeffer, Curry würzen. Mit einem Eßlöffel Sahne verfeinern.

17. Tag **Wirsingkohlrouladen**
250 g Wirsingkohlblätter mit kochendem Wasser überbrühen. Füllung: 150 g Tofu geräuchert mit der Gabel zerdrücken. 1 mittlere Zwiebel in 1 Teelöffel Öl goldbraun dünsten. Einen geraspelten mittelgroßen Kohlrabi in wenig Wasser dünsten, zerdrücken und mit einem Ei zur der Farce geben. Würzen mit Muskat, vegetarischer Streubrühe, Pfeffer. Die Füllung auf 3-4 Blätter verteilen und diese zusammenrollen und feststecken oder binden. Den Rest des Wirsings in schmale Streifen schneiden und mit den Rouladen in 1 Eßlöffel Öl in zugedecktem Topf bei kleiner Flamme fertigschmoren. Die Rouladen gelegentlich drehen. Ca. 30 Minuten Garzeit. Einen Teelöffel Crème fraîche unter den Schmorkohl mischen.

18. Tag **Tofu natur**
200 g Tofu in 1 cm dicke Scheiben schneiden. In Sojasoße wenden, mit Kräutersalz würzen. Goldbraun braten. Bratensatz mit 1 Eßlöffel Sahne löschen. 1 Teelöffel grüne Pfefferkörner beifügen.

19. Tag Die Krabben vom Gericht wie Seite 111 durch 100 g Räuchertofu ersetzen. Würfeln und in 1 Teelöffel Öl von allen Seiten goldbraun braten. Zubereitung wie vorher.

20. Tag **Soja-Frikadellen**
Wie Tag 1.

21. Tag **Soja-Frikadellen**
Wie Tag 2.

22. Tag **Tofu-Bratlinge**
200 g Tofu mit der Gabel zerdrücken. 150 g Sellerie bei kleiner Flamme in 1 Teelöffel Öl braten, bis sie weich ist. Dann mit der Gabel zerdrücken, unter das Tofu mischen. 1 mittlere Zwiebel würfeln, in 1 Teelöffel Öl goldbraun braten, mit einem Ei zu der Farce geben.
Würzen mit vegetarischer Streubrühe, Sojasoße, Pfeffer. Die Bratlinge langsam in 1 Eßlöffel Öl von beiden Seiten goldbraun braten.

23. Tag **Curry-Tofu**
150 g Tofu natur in 1 cm dicke Scheiben schneiden. In Sojasoße wenden. Von beiden Seiten in 1 Eßlöffel Öl goldgelb braten. Bratensatz mit 1 Eßlöffel Sahne löschen und mit reichlich Currypulver würzen.

24. Tag **Soja-Frikadellen mit Schafskäse**
Zubereitung wie Tag 1. Einen Teil der Farce als dünne Fladen in die Pfanne geben. 20 g Schafskäse in hauchdünne Scheiben schneiden und auf die Fladen legen.
Etwas Hack-Farce darübergeben und festdrücken.
Von beiden Seiten auf mittlerer Flamme knusprig braten.
1 große Fleischtomate in dicke Scheiben schneiden, salzen,

pfeffern, von beiden Seiten in 1 Teelöffel sehr heißem Öl braten. Mit frischem oder getrocknetem Basilikum bestreuen.

25. Tag **Gefüllte Paprikaschoten**
2 rote oder grüne Paprikaschoten aushöhlen, waschen. Mit der Farce vom Vortag füllen. In einen Topf mit 1 Eßlöffel heißem Öl setzen. Zusammen mit einer weiteren geschnetzelten Paprikaschote bei mittlerer Anfangshitze und dann kleiner Flamme gar schmoren.

26. Tag **Tofu-Sauerkrauttopf**
200 g geräucherten Tofu würfeln, in Soja wenden. 1 mittlere Zwiebel würfeln. Beides zusammen in einer Pfanne goldbraun braten. Mit Kräutersalz und viel Paprika würzen.

27. Tag **Weißkraut-Rouladen**
Zubereitung wie Wirsingkohl-Rouladen. Jedoch kein Würzen mit Muskat, dafür 1 Teelöffel Kümmelpulver auf die Rouladen streuen und unter die Schnitzel mischen.

28. Tag **Zwiebel-Geschnetzeltes**
Wie Tag 16.

29. Tag **Tofutopf**
150 g Räuchertofu würfeln, in Sojasoße wenden, mit Kräuterwürzsalz bestreuen und von allen Seiten goldbraun braten. Unter das Gemüse mischen.

30. Tag Bleibt, da ohnehin vegetarisch.

Soja-Granulat oder -Geschnetzeltes zu beziehen: siehe Bezugsquellennachweise.

Mustertag für die „Zeit danach"

1. Frühstück
> 1 kleinen Becher milden Joghurt mit 150 g geschnittenen Erdbeeren, etwas Birnette.
> Kaffee oder Tee mit Sahne oder Büchsenmilch.

2. Frühstück (nach 3 Stunden)
> 1 Vollkornbrötchen, Toast, Knäckebrot mit Butter, 1 Scheibe rohen Schinken, 1 Scheibe Salami, etwas Philadelphia, Honig.
> Kaffee oder Tee mit Sahne oder Büchsenmilch.

Mittagessen
> **Exotischer Gemüsetopf**
> 2 mittlere Kartoffeln kochen. Würfeln und in 1 Eßlöffel Olivenöl von allen Seiten braten. Würzen mit Salz, süßem und scharfem Paprika. ½ Aubergine, 1 kleine Zucchini, 1 kleine Paprika ebenfalls würfeln und würzen wie die Kartoffeln. In 1 Eßlöffel Olivenöl von allen Seiten gut braten. Biß lassen. Mit Kartoffeln zusammengeben und bei geschlossenem Deckel einige Minuten nachdünsten lassen. Einen leicht gehäuften Eßlöffel Crème fraîche beim Servieren auf den Teller geben.

Kaffeezeit
> 1 Stück Marmorkuchen oder Streuselkuchen.
> Dazu Kaffee oder Tee.

Abendessen
> **Suppe mit Tofustich**
> Vegetarische Brühe von ¼ Liter Wasser bereiten. 50 g Tofu würfeln und einige Minuten mitziehen lassen. 1 Eigelb mit 1 Eßlöffel süßer Sahne glattrühren und der Suppe beifügen. Mit frisch gehackter Petersilie anrichten.
> **Lachsforelle mit Sahnemeerrettich und bunten Salaten**
> 1 Lachsforelle (je nach Gewicht für mehrere Personen) mit Salz und frisch gemahlenem Pfeffer sowie etwas Zitronen-

saft von außen und von innen einreiben. Viel frische Küchenkräuter in die Forelle füllen. Sorgfältig mit hochgefalteten Rändern in eine Alufolie wickeln, so daß kein Saft herauslaufen kann, jedoch so, daß man die Folie öffnen kann. Im Ofen bei mittlerer Hitze garen. Dazu reichlich verschiedene frische Salate.
Dressing: 1 großer Becher milden Joghurt, 2 Eßlöffel Olivenöl, 1 kleiner Becher saure Sahne. Würzen mit verschiedenen Kräutern, Salz, frisch gemahlenem Pfeffer, etwas Sojasoße, ½ Teelöffel scharfem Senf.

Dessert

Sorbet aus 1 großen Becher mildem Joghurt, 2 Eßlöffeln Schlagsahne, 3 Eßlöffeln Rum, 2 Eßlöffeln Rosinen, etwas Birnette. Mit dem Schneebesen glattrühren und ins Gefrierfach geben. Alle 15 Minuten durchrühren, bis cremige Konsistenz erreicht ist. In hochstieligen Weingläsern servieren. (Für mehrere Personen.)
oder:
100 g verschiedene Käsesorten mit verschiedenen Früchten. Nicht nur Weintrauben schmecken zu Käse.

Bezugsnachweise

Naturkostversand BIOLINE
Für hochwertige Sojaprodukte, Reismalz, Birnendicksaft, Gemüseconsommé, Algenkräutersalz und andere empfehlenswerte Nahrungsmittel.

Naturkosmetik BIOLINE
Luxuskosmetik ohne chemische Konservierung, Tierversuche oder Substanzen aus toten Tieren. Jeweils frisch zubereitet unter Berücksichtigung des Yin-Yang Systems.

Motivationskassetten
Trennkost, Schlankheit, Gelassenheit, Erfolg, Angstfreiheit, Heilen der Seele.

Ernährungsseminare
überall in Deutschland

Aktivurlaub
Im schönen Kurhaus oder Luxushotel in hessischem Heilbad

Seminarhaus
Wochenendseminare betr. Positives Denken und Alternatives Heilen für alternatives Heilen

Infos anfordern:

Schule für Fitneß und Ernährung
Büroanschrift:
Außerhalb 19
63679 Schotten-Burkhards
Tel: 0 60 45 / 51 40
Fax: 0 60 45 / 83 95

Bitte angeben, für welches Angebot Interesse besteht.

Dr. Günter Harnisch
Kombucha – geballte Heilkraft aus der Natur
160 S., kt., Best.-Nr. 1232

Der Kombucha-Teepilz ist ein seit zweitausend Jahren in Ostasien verwendetes Naturheilmittel, das heute bei uns wiederentdeckt und mit Erfolg bei zahlreichen Krankheiten heilend und revitalisierend eingesetzt wird. Dieses Buch beschreibt alles Wissenswerte über Kombucha, vor allem wie der Leser das Teepilzgetränk selbst herstellen kann. Es bietet außerdem wichtige Informationen über die Wirkungsweise des Kombucha-Teepilzes und über den spirituellen Hintergrund seiner ungewöhnlichen Heilwirkung.

Ingrid Schlieske

Kochbuch zur Trennkost
Köstliche Speisen ohne Kalorienzählen

192 S. mit vielen farbigen Abb., geb., Best.-Nr. 3725

Die Autorin: Setz dich einfach hin und iß! Ich habe für dich dieses Buch geschrieben, damit du wieder unbefangen essen kannst. Sorgen um die schlanke Linie? Immer müde? Mangel an Vitalität, Unternehmungslust, Lebensfreude? Vergiß es! In wenigen Wochen bist du ein neuer Mensch. Nur dadurch, daß du deine Nahrung ein wenig anders miteinander kombinierst. Nicht Hunger, Frust und Verzicht sind angesagt. Ab heute lebst du nach der TRENNKOST. Daheim, im Restaurant, in Kantine und Urlaub. Guter Erfolg ist garantiert. Weltweit leben nach diesem Ernährungskonzept viele bedeutende Leute, die ihre
Lebenskraft zu 100 Prozent brauchen. 100 Prozent stehen auch dir zu.

Turm Verlag – 74308 Bietigheim – Postfach 1851

Josef Diener
Heilen mit der Weisheit der Natur
232 S., Pp., Best.-Nr. 459

Es gab immer den Arzt von großem Format, schon zu einer Zeit, als es noch keine Universitäten gab. Ihre Universität war die Natur selbst, und sie heilten mit der Weisheit der Natur. Sie ist zeitlos gültig. Sie birgt die Quellen des Helfens und Heilens in sich selbst. In dem Heilpraktiker J. Diener begegnen wir einem solchen Mann, dem die Natur die Gnade des großen Arztes verliehen hat. Die Heilungsberichte in diesem Buch, zu denen schwerste Krebsfälle zählen, bestätigen dies in geradezu überwältigendem Maß. Von der Schulmedizin Ungeheilte, Aufgegebene, Alleingelassene fanden bei ihm noch Hilfe.

Louis Kuhne
Neue Heilwissenschaft
Die arznei- und operationslose Heilung
335 S. mit Abb., geb., Best.-Nr. 1800

Es mag eigenartig erscheinen, daß Kuhne von einer „arzneilosen Heilung" spricht. Gerade dies bedeutet aber einen besonderen Vorzug seiner Heilmethode. Kuhne unterstützt in genialer Weise das Heilbestreben des Körpers. Seine glänzenden Heilerfolge bestätigen seine Heilweise. In gezielter Kaltwasseranwendung und richtiger Ernährung liegt der Schlüssel seines Erfolges. „Kuhne war wie Prießnitz, Kneipp und Felke ein begnadeter Laienarzt" (Zeitschr. f. Naturheilkunde). Sein Buch erlebte über 130 Auflagen und wurde in 28 Sprachen übersetzt.

Turm Verlag – 74308 Bietigheim – Postfach 1851